서울의
워커홀릭들

일, 사람, 돈

서울의 워커홀릭들

일, 사람, 돈

인다

저는 양말을
디자인해 국내외로
판매하는 일을 하며,
주로 거래처 MD와
디자이너를 만나며,
한 달에 3억을
벌고 싶은
홍정미입니다.

월요일을 싫어하고
양말을 좋아합니다

사람으로 남는 일

나는 돈을 언제쯤
벌 수 있을까?

나의 꿈은 의상디자이너였다. 예쁜 옷을 보면 바로 입어보지 않고 한참을 만지작거렸다. 누가 왜 여기에 리본을 달았을까? 어떻게 이렇게 예쁜 옷을 만들 수 있을까 하고 궁금해했다.

가지고 있던 옷에 똑같이 리본을 만들어보기도 하고 학교가 끝나면 동대문시장에서 비즈를 사서 팔찌를 만들어 반 친구들에게 팔아보기도 했다. 디자이너란 직업은 오랜 시간 우상의 대상이었다. 머리를 연필로 대충 묶고 아메리카노를 마시며 마치 뉴요커처럼 디자인하

"왜 그렇게 협업을 많이 해요?"라는 질문을 종종 받는다. 아이헤이트먼데이는 양말만큼 협업을 많이 하는 걸로도 유명하다. 많은 사람들과 만나 많은 일을 함께했다. 양말이라는 작은 매개체로 다양한 사람들과 일을 할 수 있다는 건 축복이었다. 극E의 MBTI를 가진 나에겐 일로 만나는 사람들은 또 다른 기쁨이었다. 사람들을 만나 일 이야기를 할 때면 에너지가 샘솟았다. 몰랐던 사람들과 연결되었고 같이 일하면서 많이 배웠다. 친구들이 많은 브랜드로 보이는 건 자랑하고 싶

다른 분야에서는 그래도 조금 짬이 되었다고 대화에 말을 보태보기도 하고 내 의견을 사람들 앞에서 말해보기도 하지만 돈이라는 단어 앞에서는 한없이 조용해진다. 할 말이 없다. 나는 돈을 잘 버는 방법도, 잘 쓰는 방법도 잘 모른다. 이 일을 시작한 지 12년. 통장 잔고는 매일 확인해도 늘어날 생각이 없다. 내야 할 고지서와 결재 서류는 책상에 가득하다. 나는 돈이 싫다. 돈이라는 말을 들으면 한숨이 먼저 나오고 머리가 지끈하다.

는 내 모습을 상상하면 생각만 해도 행복했다.

패션디자인과를 졸업하고 패션 회사에 입사하자마자 제일 먼저 한 일은 커피를 타는 것이었다. 쟁쟁한 인턴 동기들에 비해 나의 스펙은 간결하기 그지없었다. 화려하고 트렌디한 전문가들 사이에서 내가 할 수 있는 일은 매일 몇십 권의 잡지를 복사하거나 서 있기만 하면 되는 피팅이 전부였다. 내가 잘할 수 있는 일이라곤 누구보다 일찍 출근하는 일과 커피 타는 일이었다.

은 일이었다.

모든 작업이 정확히 기억나지는 않지만, 지금까지 300건 이상의 기업이나 브랜드와 협업을 했다. 힘들었던 브랜드도 있었고 괴로웠던 작업도 있었다. 그렇지만 즐겁고 기분 좋은 작업이 대부분이었다.

막 작업이 시작될 때의 긴장감, 서로의 취향을 녹여 양말을 만들다 보면 어느새 진심이 되어버린다. 재미있는 과정이다.

처음 협업을 한 건 노리플라이라는 인디밴드였다. 론칭을 준비하며

아이헤이트먼데이 론칭 몇 달 후 이니스프리에서 협업 제안이 왔었다. 개수는 50만 개. 작은 브랜드에게는 믿을 수 없는 큰 작업이었다. 하지만 오더를 넣은 공장마다 모두 오더 수량을 믿지 않았다. 선금이 없으면 절대 작업을 하지 않겠다고 입을 모았다. 당연했다. 어린 여자애가 들어보지도 못한 브랜드 이름으로 양말을 이만큼이나 만든다니. 사기꾼 같아 보였을 거다. 입고일이 촉박해질수록 나는 발을 동동 굴렀다.

그렇게 제일 먼저 출근해서 커피 맛있게 타는 인턴으로 불린 지 1년
후, 나는 꿈에 그리던 정직원이 되었다.

시간이 지나고 일에 능숙해지기 시작하면서 업무는 점점 많아졌다.
제일 늦게 퇴근해도 시간이 모자랐다. 디자인과 회의를 하면서 동시
에 피팅까지 해야 했다.

좋아하는 일을 하기 위해서 이 정도는 당연하다고 생각했다. 일을 위
해 삶을 버리기 시작했다. 월요병은 심해져 갔고, 주말이 와도 썩 즐

밤을 새울 때면 노리플라이의 희망찬 노래들을 따라 부르다가 감정
이 격해져 눈물을 흘리기도 했다. 노리플라이의 노래는 나의 노동요
였다. 힘이 되는 노래가 있다는 건 든든한 일이었다.

론칭하고 나서 바로 노리플라이의 소속사에 메일을 보냈다. "제가 노
리플라이 음악을 듣고 양말을 만들었습니다. 저희 고객에게도 희망
을 주고 싶어요. 노리플라이를 알려주고 싶습니다. 양말을 드릴 테니
CD를 주실 수 있나요?" 나의 메일을 본 담당자가 미팅을 왔고, 나는

이니스프리 측에서 절반의 계약금을 주었지만, 턱없이 부족했다. 사
무실을 빼서 보증금을 보탰고, 가족들에게 돈을 빌려 간신히 선금을
주었다. 부가세가 뭔지도, 계산서가 뭔지도 몰랐다. 아낄 수 있는 건
전부 아꼈다. 돈을 아끼기 위해 부가세도 아꼈다. 다음 해 나는 번 돈
을 그대로 세금으로 냈다. 사무실을 옮기려던 계획은 실패했다. 돈을
제대로 벌 줄 알아야 하는데 그 후로도 나는 끊임없이 돈 버는 일에
실패했다.

겁지 않았다.

늘 유쾌하고 밝았던 나의 얼굴은 어두워지고 있었다. 그나마 유일하게 흥미가 있는 일은 컬러풀한 양말을 신는 일이었다. 적은 월급에도 양말을 사서 모았다. 월요일 출근길에 새 양말을 뜯어 신을 때면 기분이 조금 나아졌다. 매일매일 야근에 지친 나에게 또 하나의 즐거운 일은 가방 속에 있었다. 퇴근길에 노트를 꺼내 선도 긋고 바닥에 떨어진 낙엽도 그렸다. 나를 괴롭히기 위해 태어난 것 같은 사수의 얼

좋아하는 가수의 CD와 콘서트 티켓을 얻어냈다. 그 이후로 많은 인디가수와 비슷한 방식으로 양말과 CD를 주고받았다. 교환한 CD와 콘서트 티켓은 양말을 구매한 고객에게 선물로 증정했다.

아이헤이트먼데이의 고객은 어느새 노리플라이의 팬이 되어 있었다. 같은 노래를 좋아하면 취향도 비슷해지는 걸까? 협업으로 인해 고객층이 넓어지는 모습을 보는 건 신기한 일이었다.

기획사들과는 점점 팬을 함께 공유하는 돈독한 사이가 되었고, 협업

남들은 잘만 받는 지원사업이나 대출도 나에게는 무섭고 어려웠다. 빚이 많았던 가정에서 유년 시절을 보냈기 때문에 빚이라는 단어만 들어도 등골이 서늘했다. 혹시나 연체를 하게 되면 어쩌지? 세상이 무너지는 일 같았다. 내 씀씀이를 줄여 번 만큼만 쓰고 살 수 있다면 그것만으로도 충분히 행복할 것 같았다.

어떤 제품은 원가가 5000원인데도 5000원에 팔았다. 만 원에 만들어 8000원에 파는 일도 있었다. 얼마를 들여 만들었는지보다 얼마면 팔

굴도 그랬다. 그렇게 몇 권의 노트를 채워나가던 어느 날, 회사를 그만두었다.

노트 속에는 내가 가장 좋아하는 양말 그림이 가득 그려져 있었고, 월요일이 싫다는 말 역시 빼곡히 적혀 있었다. 그렇게 나는 싫어하는 월요일을 위해 좋아하는 양말을 만들기 시작했다.

주변 사람들은 다 이상하다고 했다. 고생해서 들어간 좋은 회사 그냥 잘 다니지 웬 양말 사업이냐는 말들을 했다. 하지 말아야 할 이유는

의 기회도 더욱 늘어났다.

기획사들과 일할 때는 팬들의 마음을 이해하는 게 중요했다. 어떤 이야기를 넣으면 양말이 더 매력적으로 보일지 알고 있었다. 충분한 덕후 기질을 가지고 있기 때문에 유리했다.

노리플라이로 시작한 작업은 빅뱅과 BTS로까지 폭이 넓어졌다. 가장 최근에 기획사와 작업한 일은 SM에 소속된 모든 가수의 양말을 만들었던 것이다.

릴지가 나의 주된 고민이었다. 아무리 비싸게 만들어도 판매가가 높아서 안 팔린다면 그게 더 마음 아팠다. 남아 있는 재고를 보는 일은 돈이 없는 일보다 더 힘들었다. 만들고 싶은 게 있다면 무조건 공장으로 달려가 봐야 직성이 풀렸다.

양말의 원가를 줄여볼까? 고민해 본 적이 있다. 조금 저렴한 실을 써본다던지, 제작 비용이 낮은 공장을 섭외해서 양말을 만들어보았다. 결과는 참담했다.

수도 없이 많았지만, 나는 그냥 양말이 좋았다. 안 해보고 후회하기엔 양말이 세상에서 제일 좋았다.

양말은 신발과 바지 끝단 사이의 작은 틈을 메꾸는 아이템치고는 존재감이 대단했다. 남녀노소 가리지 않고 누구나 신을 수 있다. 있어도 되고 없어도 되는 수준이 아니라 무조건 꼭 있어야 하는 필수품. 잽싸게 주변을 둘러보니 양말 브랜드는 없었다. 잘 만들기만 한다면 승산이 있어 보였다.

먼저 한 일은 뮤지션의 노래를 듣는 일과 팬의 마음을 이해하는 일이었다. 쉬지 않고 음악을 듣고 틈이 나는 대로 커뮤니티에서 팬들의 취향을 찾았다. 그렇게 뮤지션의 사인을 넣은 작은 마그넷과 양말을 출시했다. 양말의 태그에는 뮤지션의 로고를 넣었다. 반응은 뜨거웠다. 기획사의 양말을 만든다는 건 팬의 입장에서 시작해야 좋은 결과로 이어졌다.

패션 브랜드와의 협업은 더더욱 즐거웠다. 내 머리에서만 나오는 디

좋은 재료로 만든 음식이 맛있는 이유가 있었다. 저렴한 실로 제작한 양말은 구멍이 쉽게 났고, 제작 비용이 낮은 공장에서 만든 양말들은 불량이 반 이상이었다.

아낄 것과 아끼면 안 되는 것을 구분하는 눈을 이때 키웠다. 좋은 경험이었다.

판매가 잘되는 양말은 빨리 재생산을 해서 더 많이 팔아야 했지만 그러지도 않았다. 한정된 제작비라면 새로운 양말을 제작하는 데 돈을

하지만, 양말을 만드는 일은 예상보다 훨씬 어려웠다. 양말은 원사-편직-봉조-가공의 네 군데 공장을 거쳐야만 완성이 되었다. 네 군데의 공장을 돌아 양말을 만들었다. 제작비는 퇴직금과 조금 모아둔 돈으로 해결했다. 적은 돈으로 시작했으니 시작부터 수월하지 않았다. 작업을 걸기 위해서 지저분한 실 창고를 청소하기도 했다. 하지만 당최 작업 지시서대로 나오는 게 없었다. 대충 만들어진 제품들이 수두룩했다. 다시 해달라고 하면 "도로 가지고 가!"라고 호통을 칠 것만

자인이 아닌 다른 사람의 아이디어를 함께 끌어올려 양말을 만드는 일은 너무 즐거웠다. 패션 디자이너였던 예전 직업은 패션 브랜드와의 협업에서 진가를 발휘했다. 어떻게 진행해야 일이 더 수월할지, 어떤 라인을 거쳐야 양말이 컨펌되는지를 너무도 잘 알고 있었다. 자신 있었다. 로우클래식을 시작으로 탐스, 푸시버튼까지 다양한 패션 브랜드와 협업을 했다. 니트에 쓰이는 패턴을 양말에 담아보거나, 의류에 부착되는 라벨을 양말에 부착해 보기도 했다. 천연염료를 사용

쓰고 싶었다.
고객들에게 '여긴 새로운 디자인이 많이 나오는 곳이야'라는 임팩트를 주고 싶었다. MD들의 리오더 요청이 계속 들어오는 양말이어도 나는 과감하게 단종시키곤 했다. 지금 생각해 보면 아주 좋은 방식은 아니었던 것 같다. 잘 팔리는 양말은 꾸준히 제작을 하거나 그게 싫다면 조금 변형을 해서 새롭게 보여주면 되었다. 돈을 벌 때를 놓치고 말았던 순간이다.

같아 말도 못 하고 그대로 받아 와서 양말을 잡고 엉엉 울기도 했다.
그렇게 간신히 팔 수 있는 양말들이 완성됐다. 이제 시작이었다. 방
한구석을 가득 메운 이 양말을 어떻게 팔지 생각하자 머릿속이 깜깜
해졌다. 고민만 하던 그때 자판기에서 커피를 꺼내서 마시다 머릿속
에 일본 출장 때의 기억이 번뜩 났다.
'긴자에서 본 티셔츠 자판기!'
커피 믹스를 뽑아 먹듯 자판기에서 양말을 뽑으면 좋겠다고 생각했

해 하나하나 손으로 염색해서 다양한 무늬가 나오도록 작업했던 일
은 정말 재미있었다.
어느 날은, 내가 일했던 패션 회사에서 양말을 함께 만들자며 러브콜
을 보내왔다. 회사 명함을 들고 전 직장에 가는 기분은 꽤나 짜릿했
다. 울고 웃었던 추억이 가득한 예전 내 책상을 한참이나 몰래 훔쳐
보았다. 같이 일했던 동료들은 협력업체로 등장한 나에게 손뼉을 쳐
주었다.

선입금을 요구하는 업체에게 선금을 다 입금한 후 입고일에 엉망인
제품을 납품받아서 눈물을 흘린 일도 허다했다. 다시 해달라 연락하
면 나 몰라라 하는 사장님들이 야속했다. 아무리 꼼꼼하게 체크해도
제품을 만드는 일은 쉽지 않았다. 조금만 신경을 못 쓰면 제품은 어
떻게든 사고가 났다. 그렇게 돈은 줄줄 흘렀다.
늘 열심히 일해도 통장 잔고에 남는 돈은 많지 않았다. 누구 탓을 할
수 없었다.

다. '자판기 제작' '자판기 업체' '자판기 공장'…….

떨리는 마음을 부여잡고, 검색하고 전화번호를 누르고 끊기를 반복한 끝에, 드디어 한 군데의 공장에서 내일 와보라고 했다. 빵 자판기를 납품하고 남은 자판기가 한 대 있다고 했다. 자판기를 검게 도색하고 양말을 넣었다. 양말 자판기는 정말 근사했다.

2011년, 열두 개의 양말과 양말 자판기로 아이헤이트먼데이를 시작했다. 이때부터 나는 양말 모양 안경을 쓴 것처럼 세상의 모든 것이

갈 길은 멀지만 회사 사람들에게 인정받은 거 같다는 마음이 들었다. 더 욕심을 내서 디자인을 했던 기억이 난다.

돈이 되는 작업도 있었지만, 돈이 되지 않는 작업도 많았다. 작은 브랜드나 소규모 작가의 작업이라면 계산하는 걸 포기했다. 계산기를 두들기는 순간 순식간에 재미가 없어졌다. SNS를 검색하다가 마음에 드는 일러스트 작가가 있으면 DM을 보내서 당신의 멋진 그림으로 함께 양말을 만드는 게 어떠냐고 물었다. 이때의 협업 방식은 주

양말은 사계절 다 잘 팔릴 것 같다고 생각했지만 그마저 나의 착각이었다. 더운 여름엔 양말을 신는 사람이 적었다. 특히 구두를 신는 20~30대 여성에게 인기가 많은 우리 제품은 계절에 따라 매출의 편차가 컸다. 여름에는 하루에 스무 켤레도 채 팔리지 않았다. 더워지기 시작하면 나는 등골이 서늘했다.

무조건 고정 지출을 줄여야 하는 게 숙제였다. 제일 큰 비용을 차지하는 건 인건비였지만 이마저도 나는 허술했다. 직원 수를 늘리는 일

양말로 보이기 시작했다.

운이 좋았다. 가로수길에 둔 양말 자판기는 승승장구했다. 사람들은 자판기에서 양말을 뽑아 신는 걸 즐거워했다. 직원도 한두 명 늘어 났다.

잘 팔리는 양말도 있었고 판매가 되지 않는 제품도 생겼다. 판매가 되지 않는 양말은 모았다가 주말에 신촌에 나가 매대를 만들어 팔기 도 했다.

로 작가가 원하는 대로 진행했다. 많은 작업 수량은 작가들에겐 부 담이 되었다. 비싸게 제작되어도 수량을 줄여보거나 아이헤이트먼 데이에서 판매를 대행하기도 했다. 다른 협업에 비해 손이 많이 갔지 만 굿즈가 필요한 작가들에게 양말로 도움을 줄 수 있다는 것도 뿌듯 했다.

협업을 많이 하다 보니 종종 이런 질문도 듣는다. "그렇게 협업을 많 이 하면 직원들이 힘들어하지 않아요?" 규모가 큰 회사라면 마케팅

은 신중해야 했는데 그러지 못했다. 직원들을 관리하면서 시행착오 들이 너무 많았다. 사람이 좋아 보여 뽑고, 친구처럼 재미있게 일할 수 있어서 뽑고, 당장 바빠서 뽑아놓고 모인 친구들을 데리고 제대로 된 리더십도 발휘하지 못했다. 그래 놓고 매출이 안 나오면 직원들에 게 쉽게 짜증을 냈다. 작은 일에도 서운했다. 인생의 가장 중요한 시 간을 함께하고 있다고 생각하면 그렇게 대해서는 안 되었다. 수많은 시행착오가 있은 후에야 급하게 일손을 도울 사람이 필요해도 스스

디자이너 양말에 대한 인식이 모호했던 시기였다. 양말 한 켤레에
5000원은 누군가에겐 너무 비싼 금액이었다. 지하철 매대에는 500원
짜리 양말이 가득했다. 그런 사람들에게 디자인 양말을 파는 일은 쉽
지 않았다.

백화점 팝업을 통해 양말을 판매할 수 있도록 구매자들을 만나기 시
작했고, '에이랜드' '매그앤매그' 등 트렌디한 편집숍을 중심으로 양
말을 납품해 나갔다.

팀이나 제작팀이 도울 수 있겠지만 현재의 규모에선 직원들에겐 고
단한 작업임이 분명하다. 그래서 협업의 경우는 나 홀로 맡아서 하거
나 조금의 도움만 요청하고 있다. 직원이 원해서 함께하게 되더라도
다른 업무량을 조절해서 협업만큼은 즐거운 업무라 인식되도록 최
대한 노력한다. 일은 늘 많고 고되지만 혼자 맡아서 할 때의 좋은 점
도 있다. 가장 큰 장점은 결정이 빨라진다는 것. 속도가 빨라지면 일
의 추진력이 높아진다. 그래서 협업은 아무리 욕심이 나도 감당할 수

로 직원을 감당할 수 있는 수준이 되기까지 절대 직원을 늘리지 않겠
다고 다짐했다.

인건비 다음으로 가장 큰 비용은 월세였다. 쇼룸 따로, 사무실 따로
운영하던 합정동 역세권은 월세가 정말 높았다. 코로나가 터지고 나
서 나는 가장 먼저 쇼룸을 정리했다.

그리고 사무실과 쇼룸을 합쳐서 사용할 수 있는 공간을 찾았다. 쇼룸
의 인건비와 월세의 고정비를 낮추기 위한 방법이었다. 넓은 평수와

가방에 양말을 항상 넣고 다니면서 입점업체 담당자들에게 신어보라고 말하며 조금 더 좋은 자리에 진열을 부탁하기도 했다. 좋은 숍이 보이면 양말을 그냥 두고 나오기도 했다. 양말이 좋은 곳에서 판매될 수 있다면 힘든 것도, 부끄러운 줄도 몰랐다.

하루하루가 즐거웠고 어깨 가득 양말을 들고 다녀도 힘들지 않았다. 내가 좋아하는 걸 남들도 좋아할 때의 쾌감을 처음 맛보았다. 취향을 공유할 수 있다는 게 그저 신기했다. 나는 이때 이 일을 평생 하겠다

있을 만큼만 일을 받는다.

좋은 협업만 있었던 건 아니다. 얼마 전 일인데 양말을 만들고 싶다고 한 브랜드가 찾아왔다. 외국에서 판매할 예정이라며 사이즈를 좀 크게 만들고 싶고 브랜드 컬러를 넣어야 해서 바탕을 노란색 컬러로 디자인을 요청했다. 어느 곳에서 판매할지, 타깃층에 대한 대화가 끝나고 디자인 작업이 시작되었다. 시안 작업부터 쉽지 않았다. 디자이너, 대리, 과장, 대표가 원하는 요소가 전부 달랐다. 디자이너와 대화

주차 공간이 있는 남산 중턱으로 올 때는 직원들을 설득해야 했다. 대중교통으로 출퇴근이 쉽지 않은 곳이라 참작할 수 있는 수준의 지각은 허용하기로 하고, 사무실을 옮겨야 하는 이유를 솔직하게 털어놓았다.

그렇게 직원들의 동의를 얻어 2021년 남산으로 오피스를 옮기게 되었다.

인건비와 월세를 아껴도 비수기인 여름을 보내는 일은 쉽지 않았다.

고 다짐했다.

규모가 커질수록 골치 아픈 일도 많아졌지만, 양말의 판매는 나쁘지 않았다. 백화점에서 매대를 얻어 양말을 팔다 보니 브랜드 양말로 인식이 되어갔고, 기업 일도 많이 들어왔다. 합정동에 작은 쇼룸을 열었고, 그때쯤 해외에서도 러브콜이 왔다.

나는 해외 진출을 정말 하고 싶었다. 손해를 보더라도, 무리해서라도 내가 만든 양말을 전 세계에 알리고 싶었다. 자신이 있었다. 노력의

후 디자인 작업을 해서 넘기면 과장이 싫다고 하고 다시 작업하면 대표가 싫다고 하는 수정의 연속이었다. 샘플이 나오고 나서는 이 과정이 좀 더 심해졌다. 샘플 디자인을 반복하면서 공장에서는 작업을 포기하기 시작했다. 나 역시 지치기 시작했다. 미팅을 시작한 지 9개월이 되었을 때 나는 양말의 재고를 내가 전부 부담하는 조건으로 작업을 지금 멈췄으면 좋겠다고 메일을 보냈다. 지금도 커다란 사이즈의 노란 양말이 창고에 가득하다.

매년 불안했다. '올여름은 버틸 수 있을까?' 큰 스트레스를 받으며 양말이 아닌 이것저것 만들어보았지만 판매에는 전부 실패했다. 여름을 나기엔 역부족이었다. 이제 답이 없었다. 마인드를 바꿔보는 수밖에.

여름철을 방학이라고 생각하며 보내기로 했다. 겨울을 맞을 준비를 더 촘촘히 하는 시간으로 생각했다. 신상품은 출시하지 않았고, 다른 계절의 매출 중 일부를 여름의 고정비로 따로 빼두기 시작했다. 여름

결과였을까? 일본이나 대만에서 조금씩 양말이 판매되기 시작했고, 마침내 인천공항 면세점에도 입점했다.

욕심이 났다. 여기서 조금만 더 하면 잘될 것 같았다. 큰 비용을 지출해서 일본에 팝업을 준비했다. 면세점 일도 좀 더 본격적으로 했다. 광고비를 늘리고 해외 진출을 위해 양말을 더 많이 만들었다. 제대로 된 공부도 안 하고 무리하기 시작할 무렵 코로나가 터졌다.

면세점은 철수를 시작했고 팝업은 취소되었다. 창고에는 해외 진출

실수로 제날짜에 납품을 못 한 적도 있고, 그래픽이 제대로 구현이 안 된 적도 많다. 어떤 작업은 신나서 생산을 많이 했다가 판매율이 낮아 아직도 창고에 쌓여 있기도 하다.

이 일을 잘하기 위해 필요한 태도가 뭘까 생각한다. 돈만 보고 했다면 도저히 할 수 없는 경험도 수두룩하다.

다른 조직의 문화를 볼 수 있는 기회도 많았다. 많은 사람과 일할 땐 어떻게 해야 하는지, 실수를 했을 때는 어떻게 대처해야 하는지를 배

이 되면 직원들의 근무 시간도 조절했다. 일찍 퇴근하고 좀 더 개인 시간을 많이 쓰면 좋겠다는 생각에서였다. 운전면허를 따는 직원도, 길게 여행을 다녀오는 직원도 있었다.

나 역시 여름의 매출을 포기하고 더 알차게 보냈다. 운동으로 체력을 기르고 일본어 공부도 했다. 친구들과 바다에 놀러 가서 스트레스를 풀고 오기도 했다. 돈은 못 버는 괴로운 여름이었지만 어느새 여름은 직원 모두가 그리고 내가 기다리는 계절이 되었다.

을 위해 만들어두었던 양말이 가득 쌓여 있었다. 월요일도 싫었고 화요일도 싫었다. 매일매일이 싫었다. 매사가 짜증인 나를 견디다 못한 직원들은 한 명을 빼고는 모두 그만두었다 '나 뭘 잘못한 거지?' 제대로 탈진이 와버렸다. 남아 있는 직원과 빚을 생각하면서 무거운 어깨로 출근하곤 했다. 서둘러 합정동 쇼룸도 정리했다. 무서웠다. 보증금을 빼서 간신히 시즌을 오픈하던 날 SNS에 솔직하게 이야기했다. 부족한 능력으로 많은 일을 벌이려다가 실패한 과정을 말했다.

우기도 했다.

작업이 끝나도 끝이 아니었다. 사람들이 남았다. 같은 목표를 향해 만난 사람들이라 그런지, 작업 결과에 상관없이 어느새 마음을 열고 돈독한 친구가 되어 있었다(지금 나의 많은 친구들은 대부분 이렇게 만들어졌다).

열심히 일하는 사람들과 같은 목표로 함께 일할 수 있다는 것, 나 혼자만의 디자인이 아닌 다른 사람들의 의견을 담아 다채롭게 만들어

이런 내가 돈을 많이 벌 수 있을까? 나는 앞으로도 만 원에 만든 양말을 만 원에 팔 것 같고, 수도 없이 시행착오를 겪으면서 돈은 줄줄 새어버릴 것만 같다. 여전히 통장 잔고를 매일같이 들여다보고 한숨을 쉬는 삶을 반복할지도 모른다. 여름이면 불안함을 견디며 휴식의 시간으로 쓸 것 같다. 직원도 늘지 않을 것이다.

많은 돈이 목적이라면 그만하고 다른 일을 찾는 게 가장 좋은 방법일지도 모른다.

잘하면 마지막 시즌이 될 수도 있겠다고 했다. 그래도 여기까지 온 건 양말을 사랑해 준 고객님들 덕분이라고. 잊지 않겠다고. 댓글과 메시지는 2000개가 넘어갔다. 응원의 메시지와 댓글이 끊임없이 달렸다. 잠이 안 오면 댓글을 읽고 또 읽었다. 남아 있는 직원도 큰 의지가 되었다.

가만히 있을 수 없었다. 큰맘 먹고 전부 다 바꾸기로 했다. 일단 나부터 바꿔야 했다.

널 수 있다는 것, 서로의 고객을 공유할 수 있다는 특별함, 그리고 진심으로 임한 프로젝트라면 결과의 성공은 딱히 중요하지 않다는 점까지. 이게 내가 사람들과 일하며 배운 것이다. 그래서 나는 억만금을 준다고 해도, 이 일을 그만둘 수 없다.

사람으로 남는 일, 내가 지금도 협업을 계속하는 이유다.

물론 양말을 많이 팔아 많은 돈을 벌어서 많은 직원을 두고 월급도 팍팍 주는 큰 건물의 주인이 되면 좋겠지만, 지금처럼 만들고 싶은 양말을 만들 수 있고, 좋아하는 사람에게 와인을 사줄 수 있는 정도의 여유만 있어도 행복이 목 끝까지 차오를 것 같다.

어쩌면 이 정도의 행복이라면, 지금 나는 내가 세상에서 벌 수 있는 가장 큰돈을 벌고 있는지도 모르겠다.

일에 도움이 된다면 전부 다 배웠다. 디자인 수업을 배우면서 홈페이지를 직접 만들어보기도 하고, 양말을 짜는 과정을 옆에서 보면서 다시 배우기도 했다. 양말 이름을 짓는 일도 수업을 찾아 들었다. SNS의 질을 높이기 위해 사진 찍는 법도 배웠다.

브랜딩 전문가의 도움으로 로고부터 슬로건까지 모두 바꿨다. 앞으로의 6개월, 1년, 3년을 어떻게 나아갈지 로드맵을 그렸다. 쉬지 않고 질문하고 고민했다.

밥을 사준다는 핑계로 주변 친구들에게 브랜드의 평가를 부탁하기
도 했다. 내가 고객이 되어 홈페이지에서 양말을 구매해 보기도 했
다. 주문해서 받을 때까지 고객이 감동받을 수 있는 포인트를 찾았
다. SNS는 브랜드 계정과 개인 계정을 분리하여 체계적으로 관리했
다. 인스타그램에 올릴 콘텐츠를 만들기 위해 한 달에 한 번씩 룩북
촬영을 했다.

쇼룸 역시 재정비했다. 초록이 가득한 남산에 자리를 잡았다. 공간

전문가의 도움을 받아 동선부터 콘셉트까지 촘촘히 체크했다. 월요일이 싫은 사람이 오는 공간이라 생각하고 쇼룸의 모든 집기를 회사에서 볼 법한 가구로 직접 제작했다.

해외 진출에 대한 욕심은 버렸다. 주어진 일에 최선을 다하면 좋은 기회가 따라오겠지, 라는 마음으로 임했다. 일단 한국에서 자리를 잘 잡는 걸로 방향을 틀었다.

마인드를 바꾸었더니 브랜드도 바뀌어갔다. 쇼룸은 어느새 남산의

명소가 되었다. 잡지 촬영도, 인터뷰도 다시 쇄도했다. 자신감이 차
오르기 시작했다. 새로 입사한 직원들도 회사에 대한 자부심이 가득
했다.

이제 12년이 되었다. 체감상으론 고작 2년쯤 지난 것 같다. 큰돈을 벌
지도, 멋진 건물을 사지도, 직원 수도 많지 않다. 여전히 실수도 많고
실패도 많이 한다. 타고난 능력이 부족해 일을 고단하게 할 때가 너
무도 많지만, 그것을 꾸준함으로 덮으며 꾸역꾸역 나아가고 있다.

하지만 바뀌지 않은 것도 있다. 나는 여전히 월요일을 싫어하고 양말을 진짜진짜 좋아한다.

이 일을 시작할 때의 마음가짐을 한 줄로 설명한다면요? 혼자 이 일을 시작했을 땐 설레고 즐거운 나의 마음이 가장 중요했습니다. 지금은 절실한 마음으로 이 일에 임하고 있는데요, 귀한 시간 최선을 다해 일해주고 있는 직원들의 생계를 책임지고 있다는 생각을 결코 잊어서는 안 되기 때문이에요.

처음 보는 사람에게 본인의 직업을 어떻게 소개하세요? 공식적인 자리에서 소개를 하게 된다면, "누구나 싫어하는 월요일을 좋아할 수 있도록 양말을 만드는 양말 브랜드 아이헤이트먼데이의 대표 홍정미입니다"라고 소개하고, 사적인 자리라면 "양말 만드는 아이헤이트먼데이 홍정미입니다" 이렇게 간략하게 소개하고 있습니다.

일을 시작할 때 돈에 대한 불안은 없었나요? 고등학교 때 집이 망해서 불안과 함께 살아왔어요. 그럼에도 친구들이 많아 자잘한 즐거움으로 가득했던 학창 시절을 보냈던 것 같아요. 가난이 부끄럽지 않았던 성격도 한몫했고요. 지금도 마찬가지입니다. 부족하면 아껴 쓰면 되고 또 돈이 없는 건 어쩔 수 없다 생각해요. 할 수 있는 만큼, 벌 수 있는 만큼만 벌면서 살면 되죠. 부끄럽게 생각하지 않아요. 오히려 불안은 평생 없앨 수 없으니 돈이 없어도 할 수 있는 즐거움을 잔뜩 찾아서 저를 행복하게 만들 거예요.

이 일의 어떤 점이 가장 재밌나요? 가장 큰 원동력은 무엇인가요? 머릿속에만 있던 추상적인 생각을 현실로 구현하는 과정. 예쁜 꽃을 보고 기억했다가 디자인에 담고, 원사를 고르고 편직을 하고 제품을 완성해서 모델에게 신겨 사진을 찍는 과정이 가장 재밌습니다. 이렇게 만들어진 제품을 구매해 주시는 고객님들을 볼 때 또 다른 디자인을 구상하고 만들 수 있는 원동력을 얻습니다.

협업하는 사람(클라이언트, 파트너사 등)을 대하는 나만의 원칙 혹은 태도가 있을까요? 언제 어디서 어떻게 다시 만나게 될지 모르기 때문에 최선을 다해 노력하는 모습을 보여주려 합니다. 업무 외적으로는 최대한 상냥하게 대화하려 하고 업무를 진행할 때면 입고일 등 약속한 날짜는 꼭 지키는 사람으로 기억되고 싶습니다.

돈의 목표치가 있다면 얼마인가요? 동종업계 평균보다 조금 더 많은 월급을 주고, 가족들에게 매달 기분 좋게 용돈을 줄 수 있고, 좋은 소식이 있을 때마다 친구들에게 와인을 살 수 있는 정도의 재력을 가진다면 좋겠습니다. 당연히 양말도 실컷 만들 수 있으면 좋겠고요. 우와! 글을 적으면서도 절로 미소가 나오네요!

이 일이 앞으로 어떻게 뻗어나갈 것 같으세요? 이후의 계획이나 목표가 있다면요? 오랫동안 사랑받고 싶은 욕심이 있어요. 양말로 할 수 있는 다양한 협업과 라인업을 보여드리고 싶습니다. 지금 정말 열심히 하고 있으니 앞으로는 노력의 결과가 보이지 않을까요?! 더 단단한 마니아층이 생기고 해외 팬이 생기는 걸 목표로 부단히 노력하겠습니다.

롤 모델이 있다면 누구인가요? 그 사람이 정미 님에게 특별한 이유는요? 남편이요. 제가 어떻게 살아야 할지 모를 때면 제가 좋아하는 걸 찾게 해주고 그다음 나아가야 할 방법을 그려줬어요. 지금은 몸과 마음을 건강하게 만들어야 할 시간이라고 말해주었어요. 밤낮으로 끊임없이 격려해 주며 제 옆에서 함께 달려주고 있습니다. 제가 모든 걸 해낼 수 있다고 응원해 주고, 그 믿음을 더 견고하게 만들어주고 있어서 특별해요.

자신의 브랜드만이 가진 경쟁력은 무엇인가요? 사람들에게 어떤 인상으로 각인되고 싶으세요? 다정하고 상냥한 언니 같은 느낌을 주는 양말 브랜드가 되면 좋겠습니다. 양말 서랍을 열었을 때 가장 먼저 손이 가는 양말을 만들고, 좋아하는 여행지를 가거나 월요일이 너무 힘들 때 가장 먼저 생각나는 브랜드가 우리라면 좋겠습니다.

일

사랑

돈

저는 브랜드의 미래를
상상하고 실현하는
일을 하고,
주로 생산자와
크리에이터들을 만나며,
한 달에 최대한
많은 돈을 벌고 싶은
윤지윤입니다.

와이 베를린?

아빠 때문에,
아빠 덕분에

돈, 돈, 돈

지은

내가 일에 대해 말할 때 절대 빼놓을 수 없는 것이 바로 베를린이다. 2015년 10월, 1년여를 준비한 끝에 베를린 미테에 YUN의 첫 매장을 오픈했다. 오픈 초기부터 반응이 뜨거웠다. 종종 인터뷰 요청도 왔다. 그런데 매번 첫 질문이 'Why Berlin?'이었다. 모든 게 느린 독일의 환경은 내게 기회였고, 여행자로서 봤던 베를린이라는 도시는 너무 멋졌다. 하지만 단순히 '느리고 멋지다'라는 말로는 베를린을 다 담지 못했다. 지금 생각하면 베를린을 완벽히 이해하지 못한 채 이

사라

어릴 적 내 눈에 아빠는 정말 멋졌다. 얼굴도 잘생겼고 마른 몸 덕분에 옷발이 잘 받아서 아빠가 트렌치코트를 입고 학교에 오면 친구들이 멋있다며 감탄했다. 성인이 될 때까지 단 한 번도 나를 나무란 적이 없었고, 공부를 강요하지도 않았다(공부하고 있는데 빨리 자라고 강제로 불을 끄고 가시곤 했다). 비행기를 탈 일이 있으면 이코노미석에 나란히 앉아 자기 무릎에 내 다리를 얹고 내가 편하게 누워가길 바라는 자상한 아빠이기도 했다. 나는 항상 '예쁜이'로 불렸다. 밖에

찬우

디자이너라면 아마 공감할 텐데, 나는 디자이너의 꿈을 꾼 뒤로 내가 속한 회사가 요구하는 디자인이 아니라 내가 원하는 디자인을 마음껏 할 수 있는 나만의 브랜드를 만드는 것을 줄곧 상상해 왔다. 그리고 그 꿈은 YUN을 만들면서 생각보다 빠르게 현실로 다가왔다. 하지만 그 후의 삶에 대해 생각해 본 적 없던 나는 마치 간절히 바라던 아기를 낳아놓고는 정작 어떻게 키워야 할지 몰라 난감해하는 부모가 된 느낌이었다. 세상의 빛을 막 보기 시작하여 어디로 튈지 모르

도시를 택했었는데, 다행히 운이 좋았던 것 같다. 다문화를 존중하는 분위기, 삶의 여유, 환경에 대한 인식 등 베를린은 여태껏 경험하지 못한 것들을 나에게 알려줬다. 이 도시는 나의 사고방식을 완전히 바꿨다.

나의 목표는 합리적인 가격의 고품질 안경을 20분 안에 제공하는 것이었다. 안경 한 개를 만드는 데 최소 2주 정도의 시간이 필요하고, 가격 또한 만만찮던 기존의 독일 시장에서 나는 성공할 수 있을 거라

서도 집에서도 아빠는 최고였다. 어딜 가든 나는 아빠가 제일 좋다는 말을 입에 달고 살았다.

그리고 나는 내가 그렇게 좋아하는 아빠와 함께 일을 시작했다. 하지만 20여 년간 쌓아온 아빠에 대한 환상이 너무 컸던 탓인지 아빠와 함께 일하는 것은 기대와 많이 달랐고 생각보다 훨씬 힘들었다. 나는 아빠가 MZ세대를 이해하는 신세대 사장이길, 나만큼 브랜드를 애정하고 사랑으로 키우는 데 아낌이 없길 바랐다. 반대로 아빠는 나에게

는 내 브랜드가 바른길로, 멋지게 자라길 바라면서도 나는 그저 전전긍긍했다. 브랜드를 키우는 것이 정말 육아와 비슷하다는 것을 깨닫는 데는 오랜 시간이 걸리지 않았다. 그러려면 좋은 공간에서 키워야 하고, 좋은 친구들을 만들어줘야 하고, 공부도 열심히 시켜야 했다. 또 궤도에 오를 때까지 참을성을 가지고 기다릴 수 있어야 했다. 그리고 그 모든 게 가능하기 위해서는 돈이 필요했다. 원래 나는 갖고 싶은 게 있어도 쉽게 포기하는 욕심 없는 사람이었는데, YUN이 태

확신했다.

하지만 한국에서 디자인 교육을 받았던 나는, 문화예술의 도시인 베를린에 있다는 사실만으로도 지레 겁을 먹었다. 그도 그럴 것이 책에서만 공부했던 컨템포러리 아티스트 거장 아이 웨이웨이(Ai Weiwei)를 카페에서 마주쳤고, 세계적인 건축가 데이비드 치퍼필드(David Chipperfield)가 한동네에 살고 있었으며, 패션 잡지 〈하이프비스트(Hypebeast)〉의 대표가 조깅을 하다 가게에 들어와 인

자신이 20년간 공들여 키운 회사를 조금 더 책임감 있게, 현명하게 운영할 수 있는 리더가 되길, 절박함을 가지고 수익을 먼저 생각하는 사업가가 되길 바랐다.

세대 차이에 더해 엔지니어링과 디자인이라는 서로 다른 배경은 예상할 수 있는 거의 모든 부분에서 갈등을 야기했다. 게다가 부녀지간이라는 특수한 관계에서 생기는 이상한 기대감까지 더해져 서로에게 엄청난 상처와 실망을 안겨줬다. 우리는 마치 매번 같은 이유로

어나고, 잘 키우기 위해 고민하면서부터 돈에 관심을 갖기 시작했다. 돈을 벌고 싶어졌다.

좋은 물건을 합리적인 가격에 만들려면 어느 정도 생산 볼륨이 필요했다. 또 많은 사람이 제품을 꾸준히 구매해 줄 때만 새로운 디자인을 시도할 수 있었다. 머릿속에는 개발하고 싶은 디자인이 무수히 많았는데, 공정에 따라 다르지만 많게는 한 모델에 몇만 개의 주문을 요구할 때도 있었다. 그때마다 그 정도를 소화하지 못하는 우리의 현

터뷰 요청을 하는 등의 말도 안 되는 일이 내 앞에 펼쳐졌다. 그들만
의 리그라고 느껴지는 이곳에서, 동방의 작은 나라에서 온 내가 만드
는 안경이 로컬 사람들에게 어필이 될까 걱정이 많았다. 소개 문구에
'Korean Eyewear'라는 말을 써도 될지 수백 번 고민했고, 혹시 외면
당하진 않을까 불안했다.

하지만 베를린은 참 자유로운 도시였다. 생활 물가가 저렴한 탓에 세
계 각국의 다양한 창조적인 사람들이 베를린에 터를 잡았는데, 그래

고장 나는 자동차 같았다. 큰 맥락에서는 같은 지향점을 향해 달려가
고 있었지만, 한정된 자원을 활용해야 하는 상황에서는 양극단에 있
는지라 우선순위가 다를 수밖에 없었다. 당장의 수익인지 가치투자
인지, 효율성인지 심미성인지. 기술에 힘을 줄지 사람다움을 강조하
는 브랜드가 될 것인지. 결국엔 서로 감정이 상할 대로 상해서 누군
가 중재해야 겨우 논쟁이 중단되곤 했다. 하지만 그 논쟁은 며칠 뒤
원점으로 되돌아가서 2차전을 시작할 뿐이었다. 이런 일이 반복되니

재 모습에 나도 모르게 작아졌고, 미래에는 꼭 하고 싶은 디자인을
당당하게 요구할 수 있는 큰 브랜드가 되어야지 하고 다짐했다. 제품
뿐 아니라, 서비스에서도 항상 새로움을 선도하고 싶었다. 안경원의
서비스와 패션이 결합하면 어떨지 상상하며 만든 게 바로 YUN이었
다. 그리고 나는 지금도 자주 상상을 한다. 사람들이 어려워하는 '렌
즈'를 어떻게 새롭게, 쉽게 쇼핑할 수 있을까. 스파에 가면 내 몸을 구
석구석 체크해 주고 집중 관리해 주는 것처럼, 내 눈을 세심히 체크

서인지 다문화에 대한 이해도가 정말 높았다. 독일어도 잘 못하는 외국인이 하는 사업에 선입견을 갖지 않고 열린 마음으로 바라봐 주는 너그러운 분위기 속에서 나는 점점 이 도시의 문화에 흡수되었다. 그리고 깨달았다. 왜 유럽 사람들이 YUN을 좋아하는지. 한국의 미로 무장한 YUN은 이곳에서 누구도 따라 할 수 없는 특별하고 독보적인 존재였다. 내가 가야 할 길이 어딘지 또렷해졌다.

처음엔 혼자 잡다하게 해야 하는 일이 많았는데, 시간이 흘러 매장도

때로는 아빠와 한 달간 말을 섞지 않기도 했고, 한 공간에 있는 게 싫을 때도 많았다.

예를 들면 경제성을 중시하시는 아빠는 리테일에서도 최고의 효율과 실용을 원하셨다. 반면 나는 경험 소비를 점점 강조하는 시대에서 감동을 줄 수 있는 고객과의 퍼스널 터치(Personal Touch)와 경험 설계가 우선이라 생각했다. 나는 빠른 검안을 위해 개방된 곳에 검안 기계를 두기보다 프라이빗한 공간에서 충분한 시간을 가지고 안경

해 주고 내 눈에 딱 맞는 렌즈 디자인을 제공하는 서비스는 어떨까 하고 말이다. 세상에 없는 무언가를 멋들어지게 현실로 만들기 위해서는 많은 생각과 함께 돈이 필요했다. 결국, 또 돈이었다.

옛날에는 순진하게 작은 규모의 회사에서 직원들과 오순도순 가족처럼 지내는 게 꿈이었다. 내 손아귀에서 벗어날 정도로 큰 회사가 되는 걸 바라지 않았다. 하지만 회사 안에서 성장을 꿈꾸는 직원들을 보면서 성장에 대한 필요성과 함께 많은 책임감을 느꼈다.

여러 군데 오픈하고 일의 규모도 커지면서 자연스레 내 옆에는 나를 믿고 따르는 직원들이 여럿 생겼다. 그리고 어느 순간 이 친구들의 도움 없이는 회사를 가꿔나가는 게 불가능하다는 것을 깨달았다. 믿을 수 있는 직원이 많다는 게 참 감사했다.

사업을 하면서 '내 사람에게는 항상 즐거운 근무 환경을 만들어주자'고 다짐했다. 아무리 회사 상황이 어려워도, 개인사로 힘들더라도 일할 때는 내색하지 않고 웃기, 그것이 나와의 약속이었다.

사의 검안을 받기를, QR코드를 곳곳에 비치해 고객이 스스로 정보를 습득할 수도 있겠지만, 판매사를 통해 스타일링 제안과 제품의 정보를 함께 듣기를 원했다.

회사에서 '보살'이라는 별명이 붙을 정도로 일을 하면서 누군가에게 감정적이지 않기로 유명한 내가(아빠도 마찬가지다) 아빠한테만 이러는 게 이상했다(사실 이게 다 아빠 때문이라고 생각했다). 내가 세상에서 제일 사랑하는 사람을 한순간에 이렇게까지 미워하다니. 회

여러 시도 중 하나로 '시야의 확장'이라는 슬로건 아래 신진 예술가들을 발굴하여 소개하고 함께 전시를 꾸리거나 협업하여 제품을 개발하기도 했다. 브랜드의 가치를 올리는 일이었지만, 사실 직원들과 나의 개인적인 사심이 더 컸다. 그리고 마음껏 예술을 이야기하고 아티스트들을 알리는 창구가 되려면 역시 본업에 충실하고 '돈'의 몸집을 키워야 했다. 그래, 또 돈이었다.

부모의 마음으로 브랜드를 애지중지 키우면서 갖게 되는 이런저런

나는 원래 화가 없는 사람이긴 하지만 사람들과 부대끼며 일을 하다 보면 갈등은 발생하기 마련이었다. 그럴 때마다 내가 했던 다짐을 떠올리며 자기 수련을 했다. 차로 출근을 하면서 슬픈 음악을 틀고 펑펑 울다가도 도착할 때쯤엔 눈물을 뚝 그치고 사무실 문을 열며 활짝 웃었다. 협력업체의 무례함에 화가 날 때는 직원들과 얘기하며 웃음으로 승화시켰다. 이게 반복되니 꽤 효과가 있었다. 이제는 직원들 얼굴만 봐도 벌써 얼굴에 웃음기가 돈다. 내 머릿속은 '어떤 재미난

사 밖에서 친구들을 만날 때면 "아빠 때문에"로 시작하는 각종 에피소드를 털어놓으며 스트레스를 해소했다.

그런데 지금의 YUN을 보면 내가 머릿속으로 상상하던 모습과 많이 닮아 있다. 오히려 더 건강한 모습이다. 아빠와 나의 성을 따서 만든 이름처럼, 아빠와 나를 딱 반반 닮았다. 기술도 사람다움도 중요하게 생각하는, 기성세대와 현세대를 아우르는, 기능성과 디자인을 모두 생각하는, 균형을 중시하는 브랜드. 아빠는 결국엔 내가 원하는 방향

기대감은 회사의 성장을 위한 새로운 목표가 되었고, 나를 열심히 살게 하는 원동력이 되었다. 그리고 그 기대감과 목표와 원동력을 손에 꼭 쥐고 나는 오늘도 열심히 돈 벌러 나간다.

이야기로 직원들을 즐겁게 해줄지'로 가득하다.

나를 믿어주는 직원에 대한 감사함이 만든 나와의 약속은 즐거운 일
터를 만들었고, YUN은 그렇게 서울과 베를린에서 굳건히 자리를 잡
아갔다.

뜬금없다고 생각할 수 있지만 안경 브랜드라고 안경만 이야기하고
싶지 않았다. 그렇게 'YUN Journal'이라는 웹진을 운영하게 되었다.
안경을 매개로 브랜드의 가치와 생각을 사람들과 공유하고 함께 공

으로 한발 양보해 주었다. 내가 하자는 대로 결정했을 때, 단 한 번도
지지하지 않았던 적이 없었다. 언제나 내 결정을 믿어주고 도울 일이
있으면 말없이 도와주셨다. 아무리 다퉈도 아빠의 마음은 변치 않았
다. 같은 일을 하는 동료로서도, 사랑하는 딸을 대하는 아빠로서도.
언젠가 한번은 이렇게 얘기하셨다. "우린 둘 다 이해관계로 다투는
게 아니라 순수하게 회사가 잘되길 바라는 마음에서 다투는 거잖아.
아빠는 지윤이가 선택한 결정을 믿어."

감하고 싶었다. 아버지와 내가 함께 만들었기에 '균형'이라는 가치가
중심축이어야 한다고 생각했다. 서울의 삶과 대비되는 베를린의 느
린 삶에 대해서도 함께 이야기하고 싶었다.

취재를 위해 여러 도시에서 많은 사람을 만나고 인터뷰하면서 자연
스레 협업의 기회가 많아졌다. 그들과 협업한 프로젝트를 매장에서
소개하고, 저널에서는 인터뷰를 통해 그들의 삶을 조망하며 각자가
생각하는 '균형'에 대해 이야기를 나눴다. 가장 최근의 프로젝트는

나는 그렇게 아빠를 탓했었는데…….

몇 년 전부터 농담 반 진담 반으로 은퇴하겠다며 노래를 부르던 아
빠는 정말 어느 날 갑자기 홀연히 사라져 버렸다. 나는 그제야 아빠
의 빈자리를 느꼈다. 나도 머리가 컸다고 생각했지만, 아직도 부족한
것투성이였다. 무엇보다도 회사의 미래를 정말 절실하게, 애정을 가
지고 생각하고 고민하는 존재가 이젠 옆에 없다는 게 무서웠다. 거친
파도 속을 헤쳐나가야 하는 초보 선장이 된 느낌이었다. 든든한 나의

텍스타일 아티스트 유코 토보(Yuko Tobo)와의 협업이었다. 여러 피드백을 통해 조금씩 수정하고 보완해 나가면서 구독자도 점점 늘어났고, 긍정적인 피드백을 받을 때면 힘이 났다.

한번은 베를린에서 올리버라는 친구와 장을 보러 갔었다. 그는 원산지를 비교하더니 탄소 배출이 덜한 나라의 과일을 사겠다며 장바구니에 신중히 과일을 골라 담았다. 과일의 때깔만이 중요했던 나에게 때깔이 아닌 원산지가 과일 쇼핑의 주된 이유라는 게 정말 충격적이

지원군이 너무 그리웠다. 동시에 아빠의 열정과 애정을 잘 이어받아 평생 귀하게 여기고 잘 성장시켜 보겠노라 다짐했다.

아빠의 생일에, 처음으로 용기 내 아빠한테 짧은 편지를 썼다. 아빠 덕분에 내가 하고 싶은 일을, 즐기면서, 행복하게 살고 있다고. 아빠가 내 꿈을 이루게 해줬다고. 직접 전하기에는 쑥스러워서 베를린으로 출장 가는 날, 집에 편지만 두고 훌쩍 떠났다. 아빠는 쿨하게 짧은 답장을 보냈는데, 그걸 보자마자 나는 눈물을 왈칵 쏟았다.

었다. 아! 어떤 사람들은 생활 속에서 환경을 정말 중요하게 생각하는구나. 평소 어디를 가나 담음새와 패키지를 유심히 관찰하는 편인데, 그런 면에서 베를린은 정말 성의가 없는 도시였다. 예를 들어, 케이크를 사면 종이 접시에 툭 담아 종이봉투에 그냥 넣어 줬다. 케이크가 찌그러지든 말든 상관없다는 듯. 그들이 세심하지 않아서 그런 게 아니라는 건 한참 뒤에야 알았다. 올리버의 탄소 배출 얘기를 들으면서 뭔가 탁 퍼즐이 맞춰지는 기분이었다. 그때부터 나를, 내 브

"아빠가 받은 선물 중 최고의 선물이야!"

랜드를 돌아보기 시작했다.

사실 안경과 렌즈는 소재와 생산공정 때문에 환경 친화적인 상품은 아니다. 과연 조그마한 안경을 구매하는 데 쇼핑백이 필요할까. 베를린에서는 실제로 쇼핑백이 필요 없다는 사람들이 대부분이었다. 그렇게 쇼핑백을 재사용 가능한 리넨 파우치로 변경했다.

몇 년 전부터는 뿔테의 주 소재인 아세테이트를 생분해할 수 있는 소재로 조금씩 대체했고, 지금은 바이오 소재로 99퍼센트 이상 대체되었다.

나에겐 단기적인 성공보다는 건강하게 성장하는 게 더 중요했다. 다행히 9년의 시간 동안 베를린의 너그러운 분위기 속에서 나의 아이덴티티를 잘 유지하면서 도시의 좋은 점만을 흡수하여 균형 있고 바르게 클 수 있었다. 그렇게 베를린은 나의 첫 사수이자 YUN의 첫 번째 고향이 되었다.

이 일을 시작할 때의 마음가짐을 한 줄로 설명한다면요? 새로운 비즈니스 모델의 사업이기 때문에 매년 브랜드가 나아가야 할 길을 새롭게 갈고닦는 기분이다. 앞으로 브랜드의 미래가 어떨지 고민하며, 매번 해보지 않은 새로운 시도들을 하고 있는데, 직원들과 함께 새로운 시도를 하고 만들어가는 과정이 설렌다.

처음 보는 사람에게 본인의 직업을 어떻게 소개하세요? 브랜드를 위해 여러 잡다한 일을 한다고 소개한다.

일을 시작할 때 돈에 대한 불안은 없었나요? 아버지 회사에서 자금을 끌어다 쓰면서 시작했다. 아직 갚아야 할 돈이 많다.

이 일의 어떤 점이 가장 재밌나요? 가장 큰 원동력은 무엇인가요? '시야의 확장(Widen your vision)'이라는 슬로건 아래, 분야를 나누지 않고 YUN 과 결이 맞는 창의적인 일을 하는 사람들과 다양한 프로젝트를 하고 있다. YUN이 가치 있다고 생각하는 것들에 대해 함께 고민하고 그 주제를 토대로 유/무형의 무언가를 생산하고 고객들과도 소통하면서 브랜드의 가치를 굳건히 다지려고 한다. 많은 사람들이 공감해 주는 모습을 보면 우리 브랜드가 만드는 세계가 확장되는 느낌이다.

협업하는 사람(클라이언트, 파트너사 등)을 대하는 나만의 원칙 혹은 태도가 있을까요? 선을 지키는 것. 나는 공과 사가 분명한 편이어서 내가 할 수 있는 것, 해줄 수 있는 것, 해줄 수 없는 것을 판단하는 게 빠른 편인 것 같다. 보통 스트레스는 사람 간의 관계에서 오는데, 기준이 분명하다 보니 고민의 시간이 줄고 그래서 스트레스도 적게 받는다.

돈의 목표치가 있다면 얼마인가요? 자연이 보이는 서울의 어느 한적한 곳에 예쁜 사옥을 지을 만큼 벌고 싶다. 아직 돈을 열심히 벌어야 할 때여서 코딱지만 한 사무실에서 옹기종기 모여 일을 하고 있는데, 자연을 좋아하는 직원들에게 편안한 근무 환경을 제공하고 싶다.

이 일이 앞으로 어떻게 뻗어나갈 것 같으세요? 이후의 계획이나 목표가 있다면요? 평생 가업이라 생각하고 애정을 가지고 일하고 있다. 진하게 우려낸 사골 국물처럼 전문성과 노하우를 탄탄히 쌓아 오래도록 사랑받는 글로벌 코리안 아이웨어 브랜드가 되고 싶다.

롤 모델이 있다면 누구인가요? 그 사람이 지윤 님에게 특별한 이유는요? 아버지. 물론 아버지와 의견이 충돌할 때도 많다. 하지만 회사를 하나의 작은 사회로 보고, 그 사회 안에서 살아가는 사람들에게 최선의 행복을 제공하기 위해 무한한 책임감을 가지시는 아버지의 태도를 배우고 싶다.

자신의 브랜드만이 가진 경쟁력은 무엇인가요? 사람들에게 어떤 인상으로 각인되고 싶으세요? 아버지가 쌓아온 전문성과 노하우 위에 젊은 감각을 더해 새로운 브랜드 경험을 제공하는 것. 테는 온라인이나 브랜드숍에서 사고, 렌즈는 안경원에서 맞추는 이질적 경험에서 벗어나, YUN에서는 테와 렌즈를 한 번에 취급해서 브랜드 경험을 온전히 즐길 수 있다. 고객들이 'YUN은 겉모습만 멋진 게 아니라 내실 역시 단단한 브랜드'라고 알아봐 주길 원한다.

저는 방송과 유튜브
콘텐츠를 진행하고,
주로 콘텐츠 제작자나
사업가들을 만나며,
한 달에 1000만 원은
기본으로 벌고 싶은
김호수입니다.

같이 일하면
편한 사람

인간관계 십계명

돈, 뜨겁게 사랑하고
차갑게 다루어라

프리랜서로 10년 넘게 살면서 정말 많은 일들을 하게 됐다. 경제 전문 앵커로 매일매일 돈 잘 버는 방법을 이야기하고 있고, 유튜브에서는 의사 선생님들과 건강에 대해 이야기한다. 사회적 아젠다를 다루는 포럼이나 컨퍼런스를 진행하기도 하고, 영화제에서 영화감독, 배우들과 무비 토크를 나누기도 한다. 영상 내레이션에 목소리가 필요할 땐 성우가 되고, 솔직하고 매력 있게 말하는 법에 대해 강연도 하며, 방송에 입문하고 싶어 하는 후배들의 조력자가 되기도 한다. 그

불과 5~6년 전만 해도 나는 '인생은 독고다이'라는 생각으로 미련하게도 혼자 힘으로 모든 것을 하려고 했었다. 내게 주어진 일, 주어진 방송만 열심히 하며 '나만 잘하면 되지' 하고 살았다. 나만의 것, 나만의 라이프스타일이 필요하다는 건 막연하게 알았지만 그저 '혼자서' '되는대로' 살았다. 학연, 지연, 혈연을 따지는 끼리끼리 문화나 태도도 이해되지 않았다. 인생이라는 것은 결국 자신의 실력으로 평가받고 돌파해야지 인맥으로 대충 두루뭉술 넘어가려는 방식은 별

돈이 인생의 전부는 아니다. 그런데 돈이 많으면 많을수록 행복해질 가능성은 높아진다고 믿는다.

부잣집 도련님같이 생겼다는 말을 제법 듣는다. 사실 어릴 때 우리 집은 부자는 아니었지만 그렇다고 가난하지는 않은 제법 넉넉한 중산층 가정이었다. 서울의 40평대 아파트에 살며 때가 되면 가족여행을 가고 동네 갈빗집에서 주기적으로 외식을 하곤 했다. 물론 IMF 위기 전까지만. 내가 중학생 때 아버지 사업이 힘들어졌고 IMF 외환

리고 막연하게 입문했던 프리랜서의 세계에서 긴 시간 혼자 일하고 스케줄 관리하고 돈 계산까지 하다 보니 결국 알게 됐다. 실력도 중요하지만 결국 함께 일하고 싶은 사람이 되어야 한다는 걸.

됐고, 일단 무조건 해 처음 방송 일을 시작할 때는 카메라 앞에 설 수 있는 일이면 다 했다. 물론 나도 처음부터 그런 사람은 아니었다. 호기롭게 지상파 방송국의 아나운서가 되겠다고 마음먹고 이 길에 뛰어들었지만 번번이 실패하다가 결국 방향을 수정했다. 밑바닥부로라고, 옳지 못하다고 생각했다. 진짜 열심히만 살면 그 노력과 실력을 세상이 다 알아줄 거라 믿었다. 참 순진했다. 아니 지금 생각해 보면 게을렀다는 말이 더 맞다. 사람들과 관계 맺고 나를 알리는 일련의 과정이 어렵고 귀찮으니 그 가치를 폄하하고 회피했던 거다. 그런데 프리랜서로 10년을 일해보고 40대가 되면서 생각이 완전히 달라졌다. 내가 지금 하는 방송들은 언젠가 나와 함께 일했던 사람들이 추천해 주고 연결해 준 일이 대부분이다. 내가 그렇게 사랑하는 돈도

위기까지 겹치면서 급격하게 가세가 기울었다. 반지하로 이사를 갔고, 학교에서 공과금 미납자를 확인할 때면 늘 내 이름이 불렸다. 이름이 특이해서 더 티가 났던 거 같다. 집에 수시로 찾아오는 빚쟁이를 보면서 돈에는 양반이고 뭐고 정말 장사 없다는 걸 알게 됐다. 사춘기 시절이라 예민하기도 했고 줬다가 뺏으니까 그게 더 그렇게 힘들더라. 외부에서 오는 고통은 공부나 운동에 시선을 돌리면 됐다. 내가 못 먹고 못 입는 것도 버티고 참을 수 있었다. 그런데 어려운 경

터 차근차근 다져서 어떤 방송이든 진행할 수 있는 대체 불가능한 사람이 되는 것으로. 그래서 뭐든지 해야만 했다. 출연료 3만 원, 5만 원 주는 촬영도 카메라 앞에만 설 수 있으면 거절하지 않았다. 화려한 스튜디오가 아니라 지하 골방에서 크로마키 하나랑 카메라 하나로 하는 촬영도 마다할 이유가 없었다. 여기저기 올라오는 채용, 오디션 공고도 가리지 않고 모두 지원했다. 심지어 여자 진행자를 뽑는다는 오디션에도 프로필을 보냈다. 세상은 정석대로만 흘러가지 않았다.

결국 이런 관계를 통해 누군가의 지갑에서 나온 것이겠지. 전 세계 어떤 나라, 어떤 공동체든 마찬가지다. 사람과 사람의 관계에서 일이 생겨나고 마음 맞는 사람들이 모여 가치를 창출하고 거기에서 창의성이 터져 나온다. 나 혼자서 할 수 있는 일은 아무것도 없다는 걸, 사람들과 함께 힘을 모을 때 더 큰 성과를 얻을 수 있고 나도 성장할 수 있다는 걸 아는 것이 가장 중요했다.
프리랜서 아나운서로 일하면서 자신만의 인생을 열심히 만들어가고

제 사정 때문에 가족끼리 소원해지는 것은 너무 싫었다. 나는 부모님을 원망하고, 부모님은 늘 미안해하셨다. 희생을 강요받은 누나는 힘들어했고, 그 짜증을 보고 듣는 나는 누나에게 미운 마음이 들었다. 어릴 적 기억 때문인지 지금의 안정과 경제적 수준이 후퇴하고 줄어드는 것에 대한 근원적인 두려움이 있다. 줬다가 뺏는 게 더 가혹하니까.
꽤 많은 시간이 흘러 이제 집안도 안정을 되찾았고 나도 돈을 열심히

기회가 없어 보이는 곳에서도 기회는 생겼다.

우리 방송국에는 호수만 나와?! 그렇게 뭐든 하면서 방송에 입봉하게 되었고 지금도 매일매일 방송을 진행하고 있다. 생방송을 하면서 근 5년을 매일 새벽 5시에 출근했다. 새벽 방송을 펑크 낸다거나 지각한 적이 한 번도 없다. 동료 아나운서들이 아프거나 급한 일이 생길 때면 빈자리는 내가 메웠다. 흔한 말로 땜빵을 했다. 새벽에 출근해서 방송하고 빈자리를 채우면서 하루에 5~6번 생방송에 투입되

있는 수많은 사람들을 만났다. 내가 미처 생각하지 못한 것들을 가치로 창출해 내며 나를 자극하는 사람과의 관계에서 알게 된 것들이 하나씩 쌓였다. 그렇게 나만의 원칙 같은 것이 생겼고 그걸 '인간관계 십계명'이라는 이름으로 정리해 봤다. 이걸 읽는 누구든 사람과의 관계에 작게나마 도움이 되었으면 하는 마음이다.

1. 한 사람에게 집착해라 나는 사람을 덕질한다. 친해지고 싶거나 더 알고 싶은 사람을 발견하면 일단 찾아간다. 첫 약속부터 저녁 식

벌고 있다. 하지만 그전처럼 살갑고 대화 많던 가족의 모습을 되찾는 데는 조금 더 시간이 필요한 듯하다. 인생을 살아보니 행복은 엄청난 게 아니었다. 최악의 상황까지 가지 않고 안정된 하루하루가 더 많은 인생이 행복한 삶이란 걸 알게 됐다. 우리 가족에게 생채기를 냈던, 경제적으로 힘들었던 그때로 돌아가고 싶지 않다. 최악을 막는 것이 행복한 삶의 기본 조건이라고 생각하는데 역시 가장 큰 수단은 돈이다. 모든 사람들은 돈을 원한다. 그것은 곧 내가 원하거나 필요로 하

는 날도 허다했다. 방송국 윗선에서 '새벽부터 오후까지 김호수만 나
온다! 김호수 방송이냐!?'라는 말이 나올 정도였다. 물론 너무 지치
고 이게 맞나 싶을 때도 있었지만 그래도 어찌어찌 꾸역꾸역 소화해
냈다. 그렇게 매일 생방송을 하면서 방송의 기술과 임기응변이 좋아
졌다. 매일매일의 꾸준함이 가져다주는 힘을 알게 됐다. 약속을 절대
어기지 않는 사람이라는 훈장 같은 걸 받았다는 생각이 들어 자랑도
하게 됐다. 언제든 구원투수가 되어줄 수 있는 사람! 그렇게 묵묵히

사를 하자고 하면 서로 부담스러우니 점심시간에 상대가 일하는 곳
으로 찾아간다. 그럼 보통 반갑게 맞아주기 마련이다. 회사 사람이나
같이 일하는 동료들과 점심 식사하는 것보다는 나랑 먹는 게 재밌을
테니까. '내가 일하는 곳까지 찾아와 주다니!' 하고 고마워할 수밖에
없고 웬만하면 점심도 사줄 거다. 대낮이라도 일대일로 상대와 이야
기하고 깊숙하게 그 사람에게 빠졌다 나오면 유대 관계가 생길 수밖
에 없더라. 여러 사람과 함께 만나는 자리도 좋지만 일대일로 사람들

는 모든 것을 돈과 교환할 수 있다는 의미다. 우리 가족의 행복을 위
해 더 노력하고 애쓰고 싶다. 그러기 위해 돈이 조금 더 필요하다.
농부가 열심히 한 만큼 수확을 얻는 것처럼 프리워커인 나도 방송하
고 일한 만큼 통장에 액수가 찍힌다. 나는 열심히 일한다고 한 거 같
은데 입금액이 많지 않으면 '아…… 이번 달에 내가 열심히 살지 않
았구나! 게을렀다!'라고 인정하고 반성하게 된다. 그게 지금의 내 삶
이다. 회사를 다니고 조직에 속해 있으면 정말 야생의 밥벌이 생리를

수행하고 버텼다. 그리고 존버는 정말 과학이었다. 이제 40대가 된 나에게 세상은 노련하면서 젊은 감각을 놓지 않는 진행자의 역할을 원하고 있었다. 그런데 다들 그런 프리랜서 남자 진행자를 찾기 힘들다며 내게 연락해 왔다. 내 또래의 남자 진행자들은 하나둘 결혼하기 위해 프리랜서의 길을 포기하고 안정적인 직장을 찾아 기자로 영업직으로 전직하면서 방송 바닥을 떠났기 때문이었다. 그런데 나는 아직도 해야 할 일, 할 수 있는 방송이 점점 더 늘게 되었으니 참 신기한

과의 접점을 넓히는 기회에 집착해 보자.

2. 무모한 사람이라면 의심하지 마라 '안 될 것 같아. 못한다'는 말보다 '좋아! 해보자!'라고 말하는 사람과 함께하는 편이다. 하지 말아야 할 이유보다 해야 할 이유를 찾고 말할 줄 아는 사람, 이런 사람들과 함께해야 앞으로 나아가고 성장한다. 안 되는 이유부터 찾으면 시작도 못 하니까. 그런데 '좋아! 해보자!'라고 말하는 사람은 앞으로 나아갈 수 있다. 실패도 받아들일 줄 알고 개선해 나갈 줄 아는 사람

느끼지 못한다. 회사에서는 일 많이 한 사람도 적게 한 사람도 월급이 크게 다르지 않으니까. 정말 내 순수한 노동력 대비 페이가 얼마인지 스스로 책정하기가 어렵다. 회사를 지워보면 내가 생각하는 일의 값에는 보통 거품이 껴 있기 마련이다. 프리워커의 세계는 호락호락하지 않다. 내 퍼포먼스가 페이에 부합하지 않으면 다시는 나에게 연락이 오지 않는다. 그렇게 달마다 입금되는 액수는 내가 이번 달을 얼마나 열심히 살았는지에 대한 냉엄한 지표가 된다. 요즘은 통장

일이다.

빨리 찍고 퇴근하자! 프리랜서를 고용해서 일을 하거나 외주업체
를 활용하는 이유는 신경 쓰지 않아도 기똥찬 결과물이 나오길 기대
하는 마음 때문일 거다. 나의 경우에는 감사하게도 일로 인연을 맺
었던 많은 분들이 지금까지도 업무 연락을 준다. 이유가 뭘까? 방송
을 너무 잘해서? 그 콘텐츠에 딱 맞는 이미지라서? 아니면 단가가 싸
서? 물론 그럴 수도 있지만, 내 생각엔 나를 찾는 이유가 같이 일하면

이다. 아무것도 하지 않는 사람보다는 무모할 정도로 '해보자!'라고
이야기하는 사람들을 주변에 많이 만들자!

3. 열정 넘치는 사람을 피하라 무조건 해보자! 해보자! 하는 사람
이 다 좋은 건 아니다. 시작부터 너무 뜨겁게 타오르는 사람을 경계
하자. 나도 그런 사람들을 많이 봤다. 처음에 열정적으로 사람들과
교류하고 새로운 프로젝트를 진행하자고 적극적으로 독려하다가도
금방 제풀에 지치고 포기해 버리는 사람. 처음만 뜨겁고 금방 식는

에 꽂히는 고정 월급을 여러 개로 늘리는 재미로 살고 있다. 돈이 되
는 일은 무엇이든 해보자는 주의다. 데일리 방송이나 유튜브 콘텐츠
를 진행하는 수입 외에도 경제 방송 앵커라는 전공을 살려서 재테크
로 주식 투자도 한다. 방송을 하면서 돈이 몰리는 곳, 돈이 되는 사업
이 무엇인지 아는 능력이 조금 생겼다. 이런 안목으로 사업하는 친구
들이나 소개받은 작은 사업체에 컨설팅을 해주기도 하고 내가 직접
투자를 하기도 한다. 그래서 매월 10일에도 돈이 들어오고, 25일에도

편한 사람이어서라고 생각한다. 나는 스스로 서비스 마인드가 충만한 아나운서라고 얘기하는데, 늘 클라이언트가 전하고자 하는 메시지의 온도를 맞추려고 최대한 노력한다. 듣고 싶어 하는 말을 한다. 그리고 녹화와 촬영은 최대한 NG 없이 빠르게 끝내려고 애쓴다. 촬영이 끝나면 PD나 스태프들이 내게 와서 이야기한다. "호수 씨랑 일하면 참 편해, 깔끔해!"

호수 씨가 다 해결해 줘 "호수 씨한테 말하면 다 해결해 줘!" 함께

사람들은 나의 에너지도 빼앗아 가더라. 그래서 나는 양은냄비 같은 사람을 경계한다. 열정 넘치는 사람은 좋다. 그런데 열정을 계속 이어가는 사람이야말로 정말로 좋은 멋진 사람이다.

4. 순발력 없는 사람을 택하라 그런 의미에서 꾸준한 사람을 존경한다. 내가 좋아하는 지인들은 공통점이 있다. 본인의 브랜드를 10년 동안 이어온 사람, 몇 년째 매일매일 글을 쓰고 포스팅을 하는 사람, 오로지 한 회사에 충성을 다하면서 구성원의 역할을 다해내고 있는

입금이 되며, 말일에도 계좌에 숫자가 찍힌다. 그리고 또 다음 달에도 최선을 다한다. 다음 달에는, 그다음 해에는 더 많은 액수가 찍히도록 애쓴다.

많이 버는 것도 중요하지만 아끼는 것은 더 중요하다. 수익은 계속 늘리고 비용은 줄이면서 삶의 마진을 높이는 시도도 계속하고 있다. 나는 방송 의상으로 정장을 열 벌 정도 가지고 있는데 모두 아웃렛에서 산 10~20만 원 내외의 것들이다. 대신 정장을 내 몸에 딱 맞게 수

방송하는 PD에게 들은 말이다. 얼마 전에 방송작가가 그만두어서 작가를 찾고 있다고 하길래 수소문해서 함께할 작가를 찾아줬다. 또 오랜만에 팀 회식을 하게 돼서 방송국 주변의 새로운 맛집을 찾아보자고 하길래 식당 한 곳을 소개해 줬다. 다행히 모두들 만족스러워했다. 요즘 출연하는 테니스 유튜브 섬네일과 제목은 대부분 내가 뽑고 있다. 함께 일하는 작가들이 테니스를 잘 몰라서 나한테 늘 도움을 달라고 물어보는데 아이디어를 제안하면 "호수 씨 없었으면 어떻게

사람. 빠르게 대응하고 순발력 좋은 사람이 되는 것도 중요하지만 더 중요한 것은 포기하지 않고 꾸준히 해내는 사람이 되는 것이다. 그런 사람은 깊이가 있고 통찰력이 있다. 나를 빠르게 손절하지도 않는다. 기다려준다. 스테디한 사람을 리스펙하자!

5. 모든 것을 갖춘 사람은 피하라　모두가 최고의 스타, 돈 많은 사람, 부와 명예를 가진 사람을 추종한다. 명성 있고 모든 걸 다 가진 사람이 과연 평범한 나와 친해지고 싶을까? 나는 모든 걸 갖고 있지는

선해서 나만의 맞춤 슈트를 만든다. 정말 신기한 것은 이렇게 준비한 정장을 입고 방송하면 하나같이 어디서 맞춘 옷이냐고 묻는다. 이렇게 준비한 방송 의상으로 촬영과 행사 몇 번을 진행하면 금세 열 배, 스무 배 그 이상의 수익을 올릴 수 있다. 다양한 이미지, 정돈된 모습으로 내 브랜드 가치가 높아지는 건 덤이다.

취미도 방송으로 해결한다. 요즘 테니스를 열심히 치고 있는데 레슨비며 라켓이며 신발을 사면서 쓴 많은 돈을 어떻게 하면 회수할 수

했을까"라는 말을 입버릇처럼 계속한다. 비록 작은 일이지만 언제부턴가 나는 방송을 잘하는 것을 넘어 무엇인가 해결해 줄 수 있는 사람이 되었다.

그냥 쓰인 대로 방송하고 주어진 일만 하는 아나운서였던 나는 이제 나만의 아이디어를 제안하고 사람과 사람을 연결시키면서 '내가 하고 싶었던 일'을 실현시킬 수 있는 사람이 된 거다. 뭐든 도전해 보고 '존버'해서 실력을 쌓아 생각했던 것 이상을 줄 수 있는 사람! 그렇게

않지만 앞으로 성장할 가능성이 큰 사람들을 더 좋아한다. 이들과 함께하면 같이 성장하는 재미를 느낄 수 있고 서로 응원하고 끌어주고 의지하면서 더 깊은 관계가 될 수 있다. 지금 당장 돈이 많은 사람도 좋지만 앞으로 성장할 싹이 보이는 사람을 응원하고 지지하자!

6. 도움을 청하면 입을 다물라　누군가 나에게 도움을 청하거나 고민을 이야기하면 함부로 조언하지 않는다. 대신 "뭐 별수 있어?"라고 답한다. 내가 한창 슬럼프에 빠졌을 때 누군가 내게 "뭐, 별수 있어?

있을까 고민하다가 자연스레 테니스 방송을 해야겠다는 생각을 했다. 테니스 관련 브랜드 이벤트에 참여해서 관계자들과 접촉도 하고 테니스 용품 리뷰를 작성해서 제안이 올 수 있도록 관계를 형성했다. 그렇게 라켓을 잡은 지 딱 1년 만에 테니스 유튜브 콘텐츠를 진행하게 됐다. 출연료와 협찬받는 테니스 용품까지 생각하면 이미 비용은 모두 거두었고 이제는 돈 벌면서 테니스를 치고 있다.

이렇게 나는 돈을 뜨겁게 사랑하고 차갑게 다루면서 매해 성장했다.

앞으로도 또 한 단계 성장해서 계속 함께 일하고 싶은 사람이 되기
위해 노력하는 중이다.

또 열심히 해야지 뭐"라고 말했는데 그 말이 그렇게 위로가 됐다. 거
울 같은 말이었다. 내가 아무것도 하고 있지 않다는 걸 그 말을 듣고
깨달았다. 슬럼프에서 빠져나오기 위해서는 자신을 직시할 수 있도
록 도와줘야 한다. 경험 좀 해봤다고 어설픈 조언도 해주고 '인생은
이런 거야!'라고 허세도 부려봤지만 결국 내 얘기 안 듣더라. 지 마음
대로 살더라. 이제는 누가 힘들다 하면 스스로 답을 찾을 때까지 옆
에서 이야기를 들어주고 질문하면서 기다린다. 그러니 입은 다물고

너무 감사하게도 프리랜서 방송인으로 살면서 매년 최고 수익을 경
신하고 있다. 그럴수록 내가 좋아하는 사람들과 돈을 더 잘 벌 수 있
는 방법을 공유하고 행복의 가능성을 높여가고 싶은 마음도 크다. 매
일 하는 경제 주식 방송을 더 진심으로 하게 만드는 원동력이다. 나
이 들수록 '입은 닫고 지갑은 열라'는 말이 있는데, 나는 '입도 열고
지갑도 여는 사람'이고 싶다.

귀를 기울이자.

7. 상대가 미안해하면 틀림없다 대신 상대가 도움을 요청하면 말이 아니라 행동으로 도와준다. 예산이 부족하다고 하면서 방송이나 행사 진행을 부탁하면 오히려 더 열과 성을 다한다. 그러면 상대방은 고마워하고 또 미안한 마음을 가지게 된다. 나에게 빚을 지는 거다. 그런 마음의 빚을 가진 사람은 다음에 나를 더 챙겨주고 신경 써줄 수밖에 없다. 물론 그렇지 않고 쌩까는 사람은 관계를 이어가면

안 되는 사람이다. 이건 명심해야 한다. 도와줄 땐 화끈하게! 상대방이 미안해할 정도로 밀어주자!

8. 삶은 계산적으로　세상은 기브 앤드 테이크다. 나에게 잘해주는 사람에게만 잘해주면 된다. 돈으로 호의를 베푸는 사람보다 특히 심정적인 호의를 베푸는 사람에게 꼭 보답을 해야 한다. 나에게 힘을 주고 응원해 주는 사람, 나와 함께 시간을 써서 고민해 주는 사람, 더 넓은 세상을 보여주는 사람, 내 사고의 지평을 넓혀주는 사람, 나를

웃게 해주는 사람. 이런 사람들이 정말 나를 좋아하는 사람이다. 이들에게는 레버리지니 마진이니 이런 것들을 생각할 필요가 없다. 돈이 됐든 시간이 됐든 재미든 감동으로든 어떻게든 이들에게 보답하자. 그럼 더 큰 것들이 돌아올 것이다.

9. 결혼식에 가지 마라   대신 장례식장은 무조건 가자! 기쁜 일에 축하해 주는 사람은 너무 많다. 나 말고도 수두룩하다. 그렇다고 내가 지인 결혼식에 무조건 가지 않는다는 건 아니고, 방송 스케줄이나

어쩔 수 없는 사정이 있을 땐 결혼식에 축의금만 보내는 경우가 있
다는 뜻이다. 그런데 밤늦게 혹은 새벽에라도 장례식장은 꼭 들른다.
나는 힘들고 슬픈 일에는 어떻게 해서라도 힘이 되어주는 사람이고
싶다. 힘들 때 도와준 사람은 잊을 수 없다는 것 모두들 알지 않나?
그런 의미에서 내 생일을 축하해 주지 않아도 괜찮다. 서운하지 않
다. 한 개도 서운하지 않아. 진짜다. 진짜라니까?

10. 사랑하지 마라   주변 사람을 너무 열렬히 사랑하지는 말자. 어쨌

든 내가 아닌 타인이다. 가족처럼 무조건 내 편을 들어줄 수 있는 사람
도 아니다. 너무 믿고 사랑하고 기대하면 실망도 커지는 법. 그것 때문
에 속상해하고 미워하지는 말자. 나에게 관심 없는 사람에게 관계를
구걸할 필요 없다. 지금 당장은 통하지 않더라도 통할 사람은 언젠가
통하게 되어 있다. 예전에는 관심도 없던 사람인데 시간이 흐르고 운
명 같은 인연으로 더 깊은 우애를 쌓고 도움을 주고받는 일도 생기더
라. 너무 열렬히 사랑해서 빠르게 다가가려고 조급해할 필요가 없다.

이 일을 시작할 때의 마음가짐을 한 줄로 설명한다면요? **내가 말하고 싶은 것과 대중이 듣고 싶어 하는 이야기 사이의 줄타기.**

처음 보는 사람에게 본인의 직업을 어떻게 소개하세요? **방송하는 김호수입니다! 말하는 일을 합니다!**

일을 시작할 때 돈에 대한 불안은 없었나요? **사실 돈에 대한 불안은 언제나 존재하죠. 그래도 이제는 먹고사는 일을 넘어서 나 자신에게 투자하고 타인에게 맛있는 음식을 부담 없이 사줄 수 있는 정도는 됩니다.**

이 일의 어떤 점이 가장 재밌나요? 가장 큰 원동력은 무엇인가요? 세상의
모든 것들이 콘텐츠가 된다는 것! 고로 내 주변의 모든 것들이 나의 일이
될 수 있다는 점이 가장 재밌습니다. 그래서 모든 것을 진심으로 즐기려고
하고, 그러기 위해 늘 몸과 마음을 다잡으려 합니다.

협업하는 사람(클라이언트, 파트너사 등)을 대하는 나만의 원칙 혹은 태도
가 있을까요? 함께하면 편한 사람! 업무도 수월하게 잘해내고 인간적으로
도 편안한, 그래서 또 함께하고 싶은 사람이 되려고 해요.

돈의 목표치가 있다면 얼마인가요? 다다익선! 돈이 인생의 전부는 아니지
만 많으면 많을수록 행복해질 수 있다고 생각합니다. 최악의 상황까지 가
지 않고 안정적인 하루하루가 더 많은 인생이 행복한 삶이라고 생각해요.
그런데 분명 돈은 최악의 상황까지 가는 걸 막아줍니다. 그래서 돈이 조금
더 필요해요. 여전히 배고픕니다.

이 일이 앞으로 어떻게 뻗어나갈 것 같으세요? 이후의 계획이나 목표가 있다면요? 좋아하는 사람들과 재밌는 활동을 하면서 콘텐츠를 만들고, 이것이 소비되어 수익을 창출하고 또 새로운 도전을 하는 선순환 구조를 만들고 싶어요.

롤 모델이 있다면 누구인가요? 그 사람이 호수 님에게 특별한 이유는요? 방송인 이경규입니다. 보이는 이미지와는 다르게 이경규 님은 소리만 지르는 방송인이 아닙니다. 끊임없이 트렌드를 연구하고 사람들이 좋아하는 것은 무엇인지 찾는 사람입니다. 그리고 그것을 찾아내면 거침없이 도전하는 사람이기도 합니다.

자신만이 가진 브랜드 경쟁력은 무엇인가요? 사람들에게 어떤 인상으로 각인되고 싶으세요? 크게 세 가지라고 생각해요. 우선 믿을 수 있는 사람('김호수는 약속을 무조건 지키지'), 믿고 맡길 수 있는 사람('김호수랑 일하면 퀄리티가 보장되지'), 마지막으로 깊은 이야기를 할 수 있는 사람('김호수랑 이야기하면 마음속이 무장해제 되지').

저는 와인 수입과
에이전트 일을 하고,
주로 와인 생산자,
와인 판매자들을
만나며, 한 달에
10억을 벌고 싶은
필립포입니다.

좋아하는 것으로
돈 버는 법

모두가 내 친구가
될 필요는 없다

실패 위에서
깨달은 것

해외에 한 번도 나가본 적 없던 내가 스무 살이 되자마자 처음으로 갔던 나라는 노르웨이였다. 당시의 나는 스노보드에 단단히 미쳐 있었는데, 노르웨이에서는 여름에도 빙하에서 스노보드를 탈 수 있다는 잡지 기사를 읽고 곧장 보드 두 장을 챙겨 그곳으로 향했다.

부푼 마음을 안고 떠난 첫 여행은 대실패였다. 그해 이례적인 더위로 빙하가 다 녹아버렸기 때문이다. 하지만 그곳에서 유럽 이곳저곳을 누비는 프로 스노보더들을 보며, 나도 어쩌면 스노보드로 먹고살 수

요즘 나는 비정기적인 모임을 한다. 관심이 생긴 사람들에게는 정중히 식사 초대를 한다. 소수 인원으로 만날 때도 있고, 많은 인원을 불러 북적한 분위기에서 모이기도 한다. 음식은 대부분 직접 요리한다. 이탈리아였다면 각자 손에 들고 온 와인병과 집에서 가져온 음식들로 테이블이 가득했겠지만, 한국에서는 호스트가 음식을 대접하는 통념을 따르고자 한다. 배달 앱을 이용해 근처 맛집의 음식을 공수하는 것도 편한 방법이지만 그 음식들을 먹는 것은 왠지 좀 불편하다.

아버지는 노량진 수산시장에서 굴과 조개를 전문으로 유통하는 중매인이었다. 노량진 수산시장이 생긴 1971년 이전부터 서울역의 수산시장에서 일을 해왔으니 해산물 유통에 평생을 바친 셈이었다. 아버지는 대학을 나오지는 않았지만 사업에서 꽤 좋은 성과를 거두었고, 내겐 아버지가 자금 융통이나 돈 관계에 있어서는 도가 텄을 것이라는 믿음이 있었다.

자산 관리나 투자에 대한 교육을 한 번도 받은 적이 없었던 나는 열

있지 않을까 하는 꿈을 품게 되었다. 이후 몇 년간 유럽을 제집 드나들 듯이 다니며 정말 열심히 연습했다. '프로선수가 안 된다면 숍이라도 차리면 되지.' 스노보드가 없는 미래를 상상하기 힘들었다. 좋아하는 것으로 돈을 벌고 싶다는 마음이 컸다. 그렇게 20대 초반을 보드 위에서 신나게 보내던 중, 그리 친하지 않은 친구 한 명이 내 인생에 전환점을 가져왔다.

이탈리아인인 그는 숙소에서 친구들에게 파스타를 요리해 주던 내

속도 불편하고 맛도 불편하고 손님에 대한 예의가 아니라는 괜한 마음이 들기도 하고.

음식을 나누고 대화를 하는 것은 내게 사람과의 관계를 다지는 데 매우 중요한 일이다. 그렇기 때문에 이 시간들은 내 스케줄에서도 최우선으로 고려된다.

일에 대한 이야기를 해야 할 때는 술을 피하는 편이다. 와인 일을 하는 사람이 술을 안 마신다고? 식사와 함께 하는 와인 한두 잔까지는

심히 일하면 돈은 따라오겠지라는 생각으로 고단한 유학 생활을 위안했다. 돈에 대한 목표치를 설계해 나가야 할 30대 초반까지 학업을 마치지 못하자 당장의 생활비와 미래에 대한 걱정으로 항상 마음이 불안했다. 마지막 학기부터는 토스카나의 한 와이너리에서 일을 시작했는데 그때 받은 월급은 이탈리아 최저시급 수준이었다. 대규모 와이너리가 아닌 이상 와인 생산 일은 많은 돈을 버는 분야가 아니었다. 와인을 제대로 배우고 싶은 욕심에 하루 서너 시간의 수면 시간

모습을 보고 내게 '진짜 이탈리아 음식'을 맛 보여주고 싶어 했다. "이탈리아에 오면 맛있는 거 제대로 대접해 줄게." 투박한 북유럽 음식에 질렸던 나는 고민 없이 이탈리아로 향했다. 그는 가족 식사 자리에도 날 초대해 주었는데 그곳에서 느낀 즐거웠던 감정이 아직 생생하다. 현지에서 맛본 이탈리아 요리는 한국에서 알았던 것과 많이 달랐다. 제철 재료를 이용해서 만든 음식들은 신선함과 풍미가 대단했으며, 음식과 곁들인 와인은 감탄을 자아냈다. 테이블 위에서는 요

괜찮지만, 부어라 마셔라 하는 분위기는 웬만하면 사양한다. 편하지 않은 사이에 혹시라도 얼굴 붉힐 일이 생길까 봐 신경 쓰이고, 술 취한 사람들의 거친 본성을 목격하는 것도 불편하다.

이런 비정기적인 모임이 내 비즈니스에 도움이 될까? 직접적으로는 그렇지 않다. 하지만 나는 다양한 삶의 모습들에 대해 이야기 나누는 것이 무척이나 즐겁고, 좋은 관계가 주는 충만함이나 지적 호기심은 비즈니스를 추진하는 원동력이 된다.

도 아껴가며 열심히 임했다. 주말에는 이탈리아에 명품 바잉을 하러 온 분들을 가이드하거나 박람회에서 통역을 하는 등 유학생에게 들어오는 알바를 마다하지 않고 일했다. 대학을 졸업하고 이런저런 일들로 돈벌이를 시작하자 내 신분은 유학생에서 이민자가 되었다. 넉넉하지 않은 시절이었지만 부끄럽지도, 괴롭지도 않았다. 여전히 나는 한 분야를 제대로 파면 부는 저절로 따라올 것이라고 생각했다. 2015년에는 그동안 모은 돈으로 피렌체에 나의 첫 와인 회사를 만들

리와 식재료, 와인에 대한 토론이 끊이지 않았다. 나는 놀라운 미식
의 세계를 경험했고, 이후 이탈리아로 돌아가고 싶다는 생각을 떨칠
수 없었다. 나는 서둘러 군에 입대했고, 그곳에서 이탈리아어를 독학
했다. 이탈리아 식문화를 제대로 파헤쳐 보고 싶었다.

제대 후 짧은 준비를 마치고 이탈리아로 떠났다. 언어 학교부터 시작
하여 소믈리에 코스, 농업대학교 등 차분히 단계를 밟아갔다. 부모님
과 약속한 2년의 유학 기간은 어느새 7~8년이 훌쩍 넘어갔다. 와인

어린 시절 만난 사람들과는 형, 누나, 동생이라는 호칭으로 관계를
정립했지만, 사회생활을 시작한 이후 만난 사람들과는 친해지더라
도 존칭을 쓰려고 노력한다. 흔히 말하는 형, 동생, 그냥 친구라고 불
리는 사이가 되는 것은 꺼려 한다. 쉽게 가까워진 상대와는 어느새
상대를 쉽게 생각해도 되는 관계가 되어버린 적이 많았다.

이탈리아나 라틴어 문화권에서 '친구'를 뜻하는 단어 '아미코
(Amico)' 또는 '아미고스(Amigos)'에는 나이나 사회적인 거리감에

었다. 대학에서 같이 와인을 공부했던 중국인 파트너와 이탈리아 와
인을 중국 시장에 진출시키겠다는 목표를 세웠고, 피렌체에 와인숍
도 한 곳 오픈했다. 좋은 정장 몇 벌을 갖추고 이탈리아와 중국을 자
주 오갔다. 지금 생각하면 당시의 나는 제대로 된 투자를 받아낼 만
한 수준의 인물이 아니었다. 사업으로 큰돈을 벌겠다는 생각보다는
내 분야에서 성공하고 인정받고 싶다는 마음이 더 간절했다. 와인
에 대해서는 밤새도록 떠들 수 있었지만 어떻게 수익을 낼지에 대

문화 속에서 자란 동기들을 따라잡아야 한다는 생각에 주말과 방학 때는 이탈리아 전역을 돌아다니며 와인 다큐를 찍었다. (이 다큐는 끝내 완성하지 못한 채 외장하드에 보관되어 있다.) 영상을 촬영하며 지금은 세상에 없는 와인업계의 대가들도 만났고, 와인 산업과 관계가 깊은 농업, 토양, 지리 분야의 전문가들도 인터뷰했다. 편집을 하기 위해 찍어 온 비디오들을 돌려볼 때면 그들의 지식을 고스란히 전수받는 느낌이 들었다.

상관없이 친구라 칭해도 될 것 같은 가벼움과 유쾌함이 묻어 있다. 실제로 이들과 진정한 친구가 되기까지에는 나이나 신분 관계가 크게 중요하지 않다. 친구란 본인이 상대방에게 진심을 다하는지에 대한 것이고, 관계가 무르익는 데에는 언제나 진심이라는 것이 전제되어야 한다.

이탈리아에서는 나이를 떠나 다양한 사람들과 교류를 했었지만 한국에 돌아와서는 연락하는 사람이 손에 꼽을 정도였다. 사람에 대한

해서는 구체적인 숫자나 계획이 없었다. 좋은 와인을 확보하면 성공을 거둘 거라 생각한, 쉽게 말해 와인만 좋아라 했던 순진한 일 바보였다.

중국 진출이 이렇다 할 성과를 내지 못하고 지지부진하던 와중, 휴가차 한국에 들어와 소개받은 사람들 중 몇몇이 통 크게 사업 제안을 해왔다. 자금을 댈 테니 같이 와인 수입을 하자는 것이었다. 내 돈이 크게 들어가지 않으니 밑져야 본전이라는 생각에 귀가 솔깃했다.

마지막 학기가 되자 와이너리 견습이 기다리고 있었다. 나는 학교에서 가르쳐주지 않은 '바이오다이나믹 농법'을 한다는 토스카나의 와이너리를 선택했는데, 프랑스인 양조가가 있는 곳이라 프랑스식 양조를 배우고 싶은 욕심도 있었다. 이 양조가는 동양인인 나를 은근히 무시했는데 그럴 때마다 더 독기를 품고 일했다. 다행히도 일을 잘했다는 평가를 받으며 견습생 생활을 마무리했고, 운이 좋게도 이곳에 바로 채용되었다.

호기심이 많은 내게 이러한 비정기적인 모임은 관계의 시작에 중요한 역할을 했다. 나 또한 초대를 받기도 하고 서서히 유대감을 형성해 가며, 그렇게 귀국 초기의 좁았던 인간관계가 점점 넓어졌다.
모두가 내 친구가 될 필요는 없다. 꼭 나의 아군이 될 필요도, 또 친해지기 위해 공동의 적을 만들 필요도 없다. 내가 만나는 사람들이 모두 나와 좋은 동맹 관계가 될지는 모를 일이다. 그래도 나는 사람들을 만난다.

결과는 어땠을까? 한국에서의 첫 비즈니스는 허망하게 끝이 났다. 이탈리아에서 확보한 와인을 한국으로 보냈지만 와인 대금은 들어오지 않고, 지급이 차일피일 미뤄지다 못해 어느 순간부터는 연락마저 끊겼다. 지금 생각하면 아주 클래식한 사기 수법이다. 해외에 거주 중인 데다 비즈니스 경험이 적었던 나는 그들에게 좋은 먹잇감이었다. 투자한 돈을 모두 잃은 데다 와인 대금까지 대신 갚아나가야 하는 상황에 큰 자책감에 빠져 있던 내게 또 다른 지인이 조심스레 그렇게 와이너리에서 몇 년을 일하면서 기세등등했던 자신감이 많이 사라졌다. 좋은 와인을 만들어도 팔리지 않으면 공업용 알코올 재료로 헐값에 넘어가는 혹독한 현실을 보았기 때문이다. 힘들게 농사짓고 양조한 우리 와인들이 점점 창고에 쌓여가자 안타까운 마음에 주말이면 가방에 와인을 챙겨 와인숍을 찾아다녔다. 놀랍게도 이때 내가 발품으로 팔았던 와인 수량이 꽤 된다. 지금 생각하면 내 일도 아닌데 왜 그리 열심이었는지 모르겠지만, 이때 와인 산업의 꽃은

만나면 어떤 얘기를 하는지 궁금한가? 내 얘기를 하는 걸 자제하는 편이다. 내가 이미 갖고 있는 관계에 대해 시시콜콜 늘어놓는 것도 불필요하다. 그들의 삶에 대한 얘기와 서로가 만들어가는 얘기, 그리고 그 사이에 새로운 얘기들이 끼어 들어갈 관계가 될 수 있을지에 대해서 편하게 얘기하곤 한다.

이것이 내가 모임의 주제를 따로 정하지 않는 이유다.

비슷한 형태의 동업을 제안해 왔다.

나는 와인 대금을 선지급할 것과 순이익의 50퍼센트를 받는 조건으로 두 번째 제안을 수락했다. 새 파트너의 자금 융통은 원활했고 와인값도 차질 없이 지급되었다. 시작한 지 얼마 되지 않아 회사 매출이 가파르게 상승해 갔고 내 와인은 호평받았다. 이번에는 뭐가 문제였을까? 내가 일한 몫의 지분을 인정해 주지 않았다.

파트너는 이익 분배에 대한 계약서 작성을 계속해서 미루었고, 나는

'양조'가 아닌 '세일즈'인 것 같다는 생각을 처음 하게 되었다.

전 세계 와인 생산자들이 중국 와인 시장을 주목하던 2010년 초, 와이너리 일을 그만둔 나는 새로운 사업 모델을 구상해서 중국 시장 문을 두드렸다. 2011년부터는 본격적으로 중국을 오가며 사업 기반을 다졌고, 현지 관계자들도 많이 만났다. 하지만 중국 시장은 서양인이 아닌 내게 쉽게 기회를 주지 않았고, 내 중국몽은 별 성과 없이 끝이 났다. 그리고 그곳에서 자본과 미디어, 마켓이 와인 생산자들을 좌지

끝내 지분을 인정받지 못하고 결별을 통보받았다. 나의 지식과 인맥, 노하우를 아낌없이 쏟아부은 회사에서 나는 그렇게 쫓겨났다.

성공을 갈망했던 내가 왜 돈 관계에 대해서는 그리 무지했을까? 나는 더 많은 돈을 차지하기 위해 사람을 무참히 버릴 수 있는 것이 비즈니스라는 사실을 알지 못했다. 최악의 상황을 고려해 보지 않은 채 상대방을 곧이곧대로 믿은 순진함도 문제였다. 이는 부족할 것 없이 컸던 내 유년 시절, 그리고 한국보다 부에 대한 관심이나 시기 질투

우지하는 모습을 보며 토스카나의 소박한 와인 생산자가 되고 싶다
는 낭만적인 꿈도 함께 깨져버렸다.

이후 여러 해 동안 많은 일에 도전하며 열심히 살았다. 슬로베니아에
서 내추럴 와인도 만들고, 비록 동업자의 배신으로 중단되긴 했지만
크로아티아 연안 바닷속에서 와인을 숙성하는 바다 와인 프로젝트
도 참 즐거운 경험이었다. 호텔 식당에 와인을 넣어주겠다는 제안에
라스베이거스도 오갔고, 피렌체에서 와인숍도 오픈해 몇 년간 자리

가 덜한 이탈리아에서 오랜 세월을 보낸 배경에서 기인했을 가능성
이 있다. 돈에 대해 노골적으로 이야기하지 않는 사회 분위기에 익숙
했던 나는 내 맡은 바만 제대로 하면 된다는 나이브한 생각으로 한국
시장에 도전했던 것이다.

내가 사업을 시작하자 아버지가 당부했던 말이 있었다. "재고가 쌓이
지 않게 하라." "미수금을 최소화하라." 와인 회사 운영에 있어서도
도움이 되는 조언이었다. 하지만 돈 관계에 있어서는 아버지도 잘 아

를 지켰다. 이런저런 일을 하며 내 경험의 폭은 점점 커져갔지만, 안정적이지 못한 수입에 몸도 마음도 많이 지쳐갔다.

2019년, 긴 고민 끝에 한국으로 돌아와 부포컴퍼니라는 와인 수입사를 만들었다. 사업 자금이 충분치 않아 허름한 지하 창고에서 작게 시작했지만, 내가 가장 좋아하고 또 가장 냉정하게 평가할 수 있는 이탈리아 와인들을 한국에 소개할 수 있어서 행복하다고 느꼈다. 이제 겨우 자리를 잡은 정도지만 나름의 테이스트가 생긴 고객들이 점

는 편은 아니었던 것 같다. 투자를 받는 것이 어떤 의미인지 찬찬히 알려주셨다면, 동료에게 배신당해 사업이 위태로웠던 본인의 경험에 미루어 내게 동업에 대해 미리 경고해 주셨다면, 나의 30대가 조금은 쉽게 풀릴 수 있었을까?

아버지를 원망하는 마음을 갖고 이야기하는 건 아니다. 나는 두 번의 동업 실패를 딛고 2019년 혼자의 힘으로 사업을 시작해 자랑스러운 와인 수입사를 만들어냈다. 괴로웠던 30대를 보내며 밤낮없이 갈고

차 늘고 있음에 감사하다.

사람들은 1년의 3분의 1 이상을 해외 출장을 다니는 나를 부러워한다. 혹시라도 내 출장에 동행하고 싶어 하는 사람들이 있다면 나는 기꺼이 환영하는 편이다. 우리의 와인이 어떻게 생산되는지, 포도는 어떻게 자라는지, 생산과정을 직접 보는 즐거움을 사람들과 함께 나누고 싶다. 내가 좋아하는 것들을 동료나 파트너들이 이해하고 좋아하기 시작할 때 나와 내 회사의 경쟁력이 더 높아질 수 있다고 생각

닦은 결과다. 돈을 벌고 부를 쌓는 많은 방법들이 있겠지만 제일 중요한 건 본인의 마음가짐이라고 생각한다. 돈이 엮이게 되면 일이나 관계가 틀어질 것이라고 미리 두려워할 필요도, 주저할 필요도 없다. 최악의 상황을 미리 예상하고 이를 해결할 수 있는 대안을 가진 채 시작하면 된다. 이런 쓰디쓴 경험을 통해 내가 하고 싶은 말은 기본적인 금융 지식이나 투자 방법 등을 꼭 공부하라는 것이다. 자본주의 사회에서 자신이 열심히 모은 돈과 경험을 올바르게 투자하고 관리

한다. 일전에 거래처 파트너를 출장에 데려갔었는데, 얼마 되지 않아 그분들이 와인 수입사를 차린 일이 있었다. 그 속내도 모르고 경쟁자에게 내 일거수일투족을 보여주었구나 생각하니 아찔했다. 너무 다 나누면 자기 밥그릇까지 뺏길 수도 있다는 점을 명심하자.

나에게 일이란 어떤 의미일까. 나는 항상 일을 해왔지만, 의무감 때문에 일을 한 적은 없다. 무엇이든 좋아져야 뛰어들었고, 좋아하는 것은 금세 내 욕심이 되었다. 좋아하지 않는 일을 하는 것만큼 큰 고

하는 것만큼 건강한 활동은 없다는 것이 실패 위에서 내가 깨달은 교훈이다.

역은 없다. 이런 내 성향은 회사를 운영하는 데 있어 도움이 되기도, 발목을 잡기도 한다. 내 회사가 생각보다 큰 성공을 거두지 못하고 있는 것은 나의 이런 점 때문일까.

나는 요즘 새로운 사업을 꿈꾸고 있다. 출장을 갈 때마다 시간을 내어 큰 미술관부터 작은 갤러리까지 이곳저곳 다니는데, 어느 순간 미술 작품을 보고 취향을 발견하는 것이 출장의 새로운 즐거움이 되었다. 모를 일이다. 이 즐거움이 언제 또 나의 행복한 일이 될지.

이 일을 시작할 때의 마음가짐을 한 줄로 설명한다면요? 와인(내가 공부한 것)으로 성공하고 싶다.

처음 보는 사람에게 본인의 직업을 어떻게 소개하세요?
"와인 생산을 하고 있습니다.""와인 생산이요?"
호감이 가는 사람과는 서로의 이야기를 더 할 수 있게끔 내 일의 시작을 소개한다.
"와인 수입사를 하고 있습니다.""네, 무역 일을 하시는군요."
비즈니스와 관련된 사람들에게는 단도직입적으로 내 일을 소개한다.

일을 시작할 때 돈에 대한 불안은 없었나요? 한국에서 사업을 하고 싶었지만 자금이 없었다. 친구와 함께 운영했던 이탈리아 회사에서 내 지분을 빼고 한국 사업에 올인했다. 그래도 모자라서 금리 14퍼센트가 넘는 카드사 대출을 받아 회사를 시작할 수 있었다. 불안할 때도 있었지만 나는 밥만 먹고 살아도, 이불 덮고 잘 공간만 있어도 이 일을 할 수 있다는 자신감과 여유가 있었고, 운 좋게 현재는 빚도 없고 회사 자산도 어느 정도 생겼다. 불안이라는 것은 내가 만든다기보다 시장이 만드는 것이라고 생각하기에,

이 일의 어떤 점이 가장 재밌나요? 가장 큰 원동력은 무엇인가요? 부동산 부자나 연예계 셀럽이 만들었다는(소유했다는) 와인이 화제가 되지만, 진심을 담아 포도 농사를 짓고 그것으로 와인을 만드는 것이야말로 '농산물 가공업'의 최정상이라고 생각한다. 진실된 와인 생산과 판매가 주는 매력은 매우 크다. 책에서 배운 것들보다 내가 직접 만나 경험하고 자연에서 배운 것들로 사람들에게 좋은 영향력을 끼치고 싶다는 생각을 한다.

협업하는 사람(클라이언트, 파트너사 등)을 대하는 나만의 원칙 혹은 태도가 있을까요? 특별한 이유 없이 미팅 시간을 어기는 사람들과는 왠지 모르게 나중에 문제가 생겼다. 그래서 첫 만남에 시간을 제대로 지키지 않는 사람들에게는 신중하게 접근하는 버릇이 생겼다. 나 역시 약속 시간 20~30분 전에 도착하기 위해 노력하고, 그래서 서울에서는 자가용보다 대중교통을 이용하는 편이다. (사실 자가용도 없다.)

내 일을 열심히 한다면 이겨낼 가능성이 있다고 생각한다. 아니면 어떻게 할 건데? 여전히 다른 편한 일을 시도해 볼 생각은 없다.

이 일이 앞으로 어떻게 뻗어나갈 것 같으세요? 이후의 계획이나 목표가 있다면요? 와인 수입과 에이전트 일을 하는 것은 미래의 내가 생산할 와인을 잘 팔기 위한 목적도 있다. 와인 생산부터 소비자에게 완성품을 전달하는 것까지, 와인 산업의 모든 프로세스를 섭렵했다고 생각될 때 다시 처음으로 돌아가 포도나무를 심을 계획이다. 시간이 오래 걸릴지라도.

롤 모델이 있다면 누구인가요? 그 사람이 필립포 님에게 특별한 이유는요? 롤 모델은 딱히 없지만 부러운 사람은 있다. 장 뒤뷔페. 그는 부르주아 계급의 와인 도매상 가정에서 태어나 와인 일과 예술을 병행했고, 늦은 나이에 그림을 시작했음에도 깊이 있는 작품 세계와 활동으로 미술계에 큰 획을 그은 사람이다. 그가 자란 배경이 부럽다기보다는, 그가 가진 열정과 그의 작품에서 오는 솔직함, 표현의 거침없음이 내 삶에 있어서도 중요한 화두이기 때문에 그처럼 살고 싶다.

돈의 목표치가 있다면 얼마인가요? 10년 전까지만 해도 100억이 있으면 부자라고 했다. 지금은 300억은 있어야 부자라고 한다. 그러니 부자라는 게 과연 어떤 의미가 있나 의문이다. 나는 돈의 목표치보다는 회사와 내가 성장할 목표치를 세운다. 회사는 한국에서 가장 신뢰 가는 와인 수입사로 만드는 것이 목표고, 연매출 100억 원 규모의 회사로 성장한다면 유럽의 질 좋은 와인을 충분히 유통할 수 있게 된다. 내가 좋아하는 와인을 자금 걱정 없이 들여오는 게 회사와 나의 꿈이다.

자신의 브랜드만이 가진 경쟁력은 무엇인가요? 사람들에게 어떤 인상으로 각인되고 싶으세요? 냉정히 말해 아직까지 경쟁력은 없다. 단지 와인 일을 오래 해왔기 때문에, 업계에서 남보다 조금 더 쉽게 할 수 있는 정도다. 전화 한 통으로 와인을 공급하고 현지 전문가를 연결하는 일은 한국에서 누구보다도 잘할 수 있다. 하지만 와인 판매를 잘하는 건 아니다. 내 와인 수입사가 낙제점까지는 아니지만 그렇다고 안정 궤도에 오른 것은 아니다. 내가 들여온 제품, 내 회사라면 믿고 소비할 수 있다는 평판을 갖고 싶다.

저는 리틀샤이닝모먼트
라는 브랜드를 운영하고,
본인의 위치에서 최선을
다하는 성실함과 좋은
에너지를 지닌 낭만적인
사람들을 만나며,
한 달에 마음의 여유를
유지할 만큼 벌고 싶은
이종화입니다.

방향성이 분명한
거북이가 이긴다

조개껍데기는
녹슬지 않는다

돈 워리, 비 해피

"그래서 대체 넌 무슨 일을 하는 거야?"

누구나 들으면 알 만한 대기업에서 명확한 직함을 가지고 일했을 때와는 다르게 요즘은 이런 질문을 많이 받는다. 마치 방패가 사라진 느낌. 처음에는 내 직업을 한 단어로 설명할 수 없다는 사실이 막막해서 동공 지진이 올 때가 많았는데, 이제는 당당하게 말한다. "행복은 우리 일상 속 작은 순간들에 있다는 메시지를 다양한 형태로 전달하는 사업을 합니다. 또, 넷플릭스 프로그램들의 비주얼/아트 디렉

사원 2년 차 때 재충전을 할 겸 동기들과 여행을 간 적이 있다. 프로그램 중 하나가 각자 원하는 꿈과 소망을 연에 적어서 하늘로 날리는 것이었다. 처음에는 이게 뭐냐며 다들 투덜거렸는데 어느 순간 모두 몰입하고 있었다. 아마도 이 행위 자체가 너무 낭만적이었겠지. 얼마 전 사진첩을 뒤지다가, 당시 내가 연에 적었던 문구를 보게 되었다. "내 주위가 나로 인해 따뜻해지길. 그럼에도 불구하고 사람."

8년 전, 저 문구를 쓸 때의 나는 어떤 생각이었을까. 난 유독 정이 많

요즘 가장 재미있게 보는 프로그램은 〈데블스 플랜〉이다. 참가자 전원에게는 게임 화폐인 피스가 한 개씩 제공되는데, 피스는 게임 결과에 따라 획득하거나 차감될 수 있다. 피스를 전부 상실한 플레이어는 그 즉시 탈락한다. 피스를 얻기 위해 이기적으로 행동하며 서로를 배신하기도 하는 참가자들을 보면서 과연 돈은 뭘까 생각했다. 물론 어딘가를 가고, 무언가를 먹고, 필요한 것을 사고, 경험하기 위한 수단이겠지만 나이가 들수록 돈은 내게 여유와 자유를 뜻했다. 같은 거리

팅과 스타일링도 합니다. 어쩔 땐 다양한 프로젝트의 기획을 하기도
해요. 꾸준히 기록한 글들로 독립출판을 한 작가이기도 하고요. 저
뭐 다양하게 이것저것 다 하네요?"
의류 전반을 배우는 의류환경학과 학부를 졸업한 나는 패션 관련 회
사에 취직하는 동기들과는 다르게 조금 색다른 길을 택했다. 24살,
대학교를 졸업하자마자 입사한 포부 넘쳤던 신입사원. CJ ENM 음
악제작팀에서 여러 아티스트의 앨범 제작 과정 전반에 대해 배우고,

아서 사람들에게 최대한 친절하려고 하는데, 그 이유는 내가 건네는
한마디가 누군가에게는 크게 다가갈 수 있기 때문이다. 초등학교 때
한창 왕따가 유행처럼 번졌고, 나 또한 대상이 된 적이 있다. 어린 나
이에 힘든 마음을 혼자 꾹꾹 누르는데, 반 친구 한 명이 "우리 집에
놀러 올래?"라고 말했었다. 한 명이 건네는 단 한마디의 힘. 그 이후
로 나는 내 언행에 더 신경을 썼다. 하지만 시간이 지나면서 좋은 마
음으로 행동을 해도, 누군가에게는 오해나 상처가 될 수도 있는 게

를 가더라도 돈을 더 많이 지불하면 훨씬 편하고 빠르게 갈 수 있는
것처럼, 결국 돈은 몸과 마음에 시간적 여유를 선물하는 도구였다.
누구나 그렇듯 나도 얽매이지 않는 삶을 꿈꾼다. 어떤 공간, 혹은 특
정 일에 묶여 있는 것이 아니라 자유롭게 언제 어디서든 경제활동을
할 수 있는 그런 삶, 돈에만 목숨을 걸면서 경주마처럼 치열하게만
살지 않는 삶 말이다. 하지만 하고 싶고 좋아하는 일만 하면서 먹고
살기엔 사는 게 녹록지 않다. 누군가 "대표님~"이라고 부를 때마다,

데이터인사이트팀에서는 마케터와 PD들에게 글과 사진으로 트렌드 리서치를 전달했다. 하나의 앨범이 어떤 메시지를 중심으로 만들어지는지, 얼마나 많은 사람들의 노력으로 하나의 창작물이 세상에 나오는지, 음악과 비주얼적인 요소들의 힘을 몸소 체험할 수 있었던 시간이었다. 또, 여러 데이터를 보고 눈에 보이는 현상들의 공통점을 이어가며 하나의 트렌드를 예측하기도 했다. 변화가 빠른 산업에서 트렌드에 민감한 일들을 하면서 취향이 확고해졌고, 일도 정말 재미

인간관계라는 것을 깨달았다. 가족, 친구, 선후배, 일, 사랑 등 다양한 형태의 관계에서 우리는 모두 각기 다르고 고유하다. 아이러니하게도 '우리'는 '1인칭'밖에 경험할 수 없다. 동일한 경험도 각자의 방식으로 해석할 수밖에 없기 때문이다. 하지만 관계 맺기의 어려움을 알면서도 여태껏 내가 받아왔던 따뜻함과 나만이 줄 수 있는 다정함을 잃고 싶지 않았다. 사람에 상처받고 동시에 사람에 위로받는 나날들이 반복되는 것이 결국 삶이 아닐까?

나는 장난스럽게 "대표님이라고 하지 마세요! 제가 유니콘 기업 사업가는 아니죠~ 제 MBTI도 ENFJ, 정의로운 사회운동가인데요?"라고 대답한다. 대부분의 사람들이 떠올리는 성공한 대표나 사업가의 모습은 이윤 창출이 첫 번째 목표인 경우가 많기에 그 호칭 자체가 더 낯설고 내 옷 같지 않게 느껴졌다. 어쩌면 나는 어렸을 때부터 항상 돈보다 다른 가치를 더 중요하게 생각해 왔는지도 모르겠다. 하지만 내가 생각하는 가치를 지키려면 현실적인 문제들도 절대 무시할

있었다. 그랬기에 4년 차 대리로 퇴사를 결심했을 때 모두가 의아해했다. 승진이 결정되었을 때, 주변에서는 이제 좀 편하겠다는 이야기를 하며 축하를 해줬었는데 아이러니하게도 그때 나는 퇴사를 결심했다. 갑자기 내 미래가 너무 자세히 그려져서, 지금이 아니면 더 큰 도전을 못 해볼 것 같아서, 그렇게 더 겁쟁이가 될 것 같아서. 내가 모르는 넓은 세계가 나를 기다릴 것 같아서. 그리고 내가 잘할 수 있는 것들이 저기 어딘가에 숨어 있을 것 같아서. 불확실성은 불안함을 주

신입사원으로 음악 제작팀에 처음 입사했을 때, 뮤직비디오 촬영을 위해 밤을 새우곤 했다. 가장 놀랍고 새로웠던 것은 수많은 스태프가 각자의 위치에서 자신의 역할을 해야지만, 빽빽한 타임 테이블 속 촬영이 모두 끝난다는 것이었다. 완벽한 한 장면을 위해 아티스트, 스타일리스트, 헤어, 메이크업, 촬영감독, 조명감독, 음향감독 등 모든 관계자가 분주히 움직였다. 그럼에도 항상 모든 사람을 만족시킬 수는 없었다. 그래서 현장에서는 선택과 집중을 통한 시간 관리와 좋

수 없다는 것도 잘 안다. 물론 안정적인 직장을 그만두지 않았다면 이런 고민도 하지 않았겠지만, 이제는 있는 그대로의 나를 받아들이기로 했다. 나는 여러 일을 하며 자유롭고 주체적으로 내 시간을 쓰고, 다양한 형태로 티끌 모아 태산식으로 돈을 버는 사람이다. 사업을 시작하기 전에 마음에 새긴 것이 있는데, 절대 돈만 좇아서는 안 된다는 것이었다. 욕심을 내는 순간 일을 그르칠 수 있고, 돈만 좇는 사람은 바로 티가 나기 마련이다. '당장의 이익만 생각하지 않고, 지

지만, 동시에 이상한 설렘도 같이 선물했다. 퇴사 후 잠시 떠났던 덴마크에서 자전거에 치여 턱이 찢어졌었다. 턱을 부여잡고 낯선 나라의 응급실에 가면서, 당연하게 여겨온 일상의 소중함을 깨닫게 되었고 그때부터 '리틀샤이닝모먼트'라는 블로그형 사이트에 일상을 기록하게 되었다. 뉴욕에서 대학원을 마치고 한국에 돌아와서는 그렇게 쌓아온 기록과 시간이 신기하고 특별한 사업으로 이어졌다. 한창 사업을 고민하던 때, 친한 친구가 말했다. "단순해. 결국 두 부류밖에

은 현장 분위기가 필요했다. 하지만 사실 더 중요한 것이 있었다. 바로 사람. 결국 이 모든 건 사람이 하는 일이었다. 팀워크만큼, 아니 사람만큼 중요한 게 또 있을까. 마음에 맞는 사람들과 함께 일할 때의 시너지가 얼마나 큰 힘이 되는지 누구보다도 잘 알고 있다. 큰 프로젝트는 사람들과 마음을 합쳐서 크루처럼 일하기도 하지만, 나는 대부분 최대한 많은 일을 혼자서 해내려고 한다. 그래서인지 일하다 보면, 한없이 외로워질 때가 많다. 스스로 "이게 맞아?"를 반복하다 보

금은 손해를 보더라도 항상 더 길게 보고 마음의 여유를 잃지 말 것. 너무 조급해하거나 초조해지지 말 것. 항상 진심으로 대하고 취향이 비슷한 사람들이 모일 수 있게 돕고, 연결되도록 해줄 것. 평범할 수 있는 하루 속에 각자의 빛나는 순간들을 함께 찾아갈 것.' 가끔 여러 걱정들이 모이고 모여서 나를 불안하게 만들 때, 다짐했던 내용들을 꺼내본다. 맞다, 사실 나는 다양한 일들과 관계 속에서 돈으로도 살 수 없는 뿌듯함을 느끼며 충만한 감정들을 경험하고 있다.

없어. 한 사람, 안 한 사람." 이 말이 어찌나 용기가 되었던지.

나는 리틀샤이닝모먼트에서 자체 제작 제품을 만들고, 다른 브랜드와의 컬래버레이션으로 제품을 제작하고, 커뮤니티를 꾸려 사람들을 만나게 하기도 하면서 삶을 대하는 태도를 긍정적으로 바꿀 수 있는 일들을 해왔다. 메시지를 다양하게 풀어내는 일종의 무브먼트라고 생각해도 좋은데, 결국 일 자체에 내 신념이 가득 들어 있다는 뜻이다. 전하려는 메시지가 확고하면 쉽게 흔들리지 않을 수 있다. 지

면 가끔은 함정에 빠진 기분이 든다. 그럴 때마다 주변 친구와 선배들에게 의견을 묻고 이야기하며 마냥 혼자가 아님을 다시 깨닫는다. 대학교와 예전 회사의 동기나 선배, 그리고 사회에서 만난 인연들까지. 소중한 인연은 신기하게 이어지고 또 이어져서 어느새 하나의 든든한 유니버스가 되었다.

어느 중요한 외부 미팅 날, 정말 미친 듯이 비가 왔었다. 미팅을 잘 끝냈다는 후련함에 긴장이 풀리면서 예전 사수 선배가 생각났다. 미팅

가끔 친구들이 '리틀샤이닝모먼트'가 아니라 '빅샤이닝모먼트'로 이름을 지었어야 한다고 장난을 칠 때가 있다. 이름에 '리틀'이 들어가서 큰돈을 못 버는 것 아니냐면서 말이다. 스스로 빛나는 것도 물론 좋지만, 주위를 빛나게 하는 사람이 되고 싶다고 생각했다. 은은한 색감에 물들 듯, 섬세하고 아름답게 움직이고 싶다고. 그런 움직임들이 어느 순간 작고 소중한 '리샤모'를 모으고, 자연스럽게 '빅샤모'가 되겠지. 이 세상 모든 것에는 저마다 결정적인 순간이 있다. 끔찍한

금까지 나의 모든 경험은 삶의 방향성을 잡아가는 과정이었겠지.
하지만 메시지로 움직이는 사업처럼 추상적이고, 답이 없고, 이상적
인 일이 있을까? 나에게 일이란 계속 꿈을 꾸고, 그 꿈을 내 직관과
능력으로 실현시키는 것. 일이 매번 좋을 수만은 없다는 사실을 알기
에, 일상을 더 단단하게 꾸리려고 한다. 매일 아침 부지런히 몸을 움
직이면서 마음까지 건강하게 유지하려고 노력한다. 가까운 거리는
최대한 걸으려고 하고 대중교통을 이용하는 시간에 생각을 정리하

장소가 전 직장 근처여서 바로 만났다. 회사 카드로 커피를 사는데,
선배가 자식 키워 효도받는 느낌이라고 했다. 그 말이 왜 그렇게 기
분이 좋았는지. 항상 챙겨주고 뭐든 사주었던 선배의 마음이 생각나
서, 나도 계속 열심히 해서 주변에 더 베푸는 사람이 되자고 다짐했
다. 집으로 돌아가는 지하철에서는 정말 우연히 리틀샤이닝모먼트
의 팬 한 분을 마주쳤다. 이게 진짜 리틀샤이닝모먼트 아니냐며 함께
셀카도 찍었다. 이날의 벅찼던 감정들이 아직도 생생하다.

위기도 있고 커다란 기회도 있다. 어쩌면 우리는 모두 자신만의 〈데
블스 플랜〉에 참가하고 있는지도 모른다. 하지만 나는 '돈' 때문에 이
기적인 행동이나 생각을 할 것 같을 때가 오면 꼭 스스로에게 말하고
싶다. "돈 워리, 비 해피!"

기도 한다. 사람들을 관찰하며 영감을 받을 때도 있고, 또 살아 있음을 느끼기도 한다. 내 힘으로 바꿀 수 있는 일들에는 최선을 다하려는 편인데, 몸과 마음 건강에는 절대 소홀하지 말자는 것이 나의 철학이다. 결국 메시지를 전달하는 사람은 나이니, 좋아하는 운동을 하며, 사랑하는 가족 친구들과 소소한 행복을 나누면서 주어진 환경에서 새롭게 주어진 일들에 최선을 다하려고 노력하고 있다. 빠르게 움직이는 세상에서 혼자 헤매고 있다는 생각이 들 때마다 중심을 다시

사람이 주는 에너지의 위대한 힘을 믿는다. 서로 사랑을 주고받는 삶, 그 안에 내가 있다.

나는 언제나 조개껍데기 같은 삶을 살고 싶다고 생각했다. 바다에서 주웠던 조개껍데기들의 영롱한 빛이 워낙 예쁘기도 했고, 또 제각기 다른 게 엄청나게 매력적이었다. 무엇보다 녹슬지 않는다는 점이 가장 멋졌다. "조개껍데기는 녹슬지 않는다: 천성이 어질고 착한 사람은 주변의 악한 것에 물들지 않음을 비유적으로 이르는 말." 문득 지

잡으려고 부단히 노력한다. 좋아하는 문장인 "분주함은 우리를 몰아 붙이지만, 리듬은 우리를 지속시킨다"(토드 헨리,《데일리 크리에이 트브》)를 되뇌며 작은 움직임부터 시작하려는 습관. 이게 스스로 터 득한, 일을 대하는 나의 태도다. 문득 뉴욕대학원 면접을 봤을 때가 생각난다. 학부 전공이나 나의 경력과 경험을 보면 전문성보다는 다 양성이 강조될 수밖에 없었다. 그런 점을 싫어할까 봐 괜히 작아지 던 나에게, 면접관이 말했다. "이렇게 다양한 경험을 하고, 새로운 도

금까지 내가 마주했던 조개껍데기처럼 아름다웠던 사람들이 생각 났다.

하나의 파도를 넘으면, 또 다른 파도가 넘어오기 마련이다. 요즘 꾸 준히 수영을 배우고 있는데, 몸에 힘이 들어갈수록 앞으로 못 나아가 고 금방 숨이 가빠온다. 일을 할 때도 때로는 부담감에 벅차서, 혹은 긴장이 되어서 잔뜩 힘을 주게 될 때가 있다. 하지만 나를 든든하게 지켜주는 조개껍데기들 덕분에 나는 오늘도 몸에 힘을 빼고, 물 위에

전을 해온 모습이 멋있다. 우린 이렇게 다채로운 너의 이야기가 궁금해." 안주하지 않고 계속 꿈을 꾸는 삶. 막연하게 꿈꾸던 것들을 하나씩 이뤄갈 때의 희열은 엄청났지만, 그 과정이 쉽지만은 않았다. 결국 해보지 않으면 모르는 것들이 너무 많다. 지금의 내가 이렇게 사업을 하게 될지도, 다양하고 재미있는 프로젝트들을 맡을지도 몰랐다. 지금까지 관심을 가지고 노력했던 부분들이 이어져서 또 새로운 길을 보여주기도 하는 것이다. 이제 나는 더 이상 '할 수 있을까? 나

평화롭게 떠 있을 수 있다. 그렇게 천천히, 자연스럽게 어디로든 갈 수 있는 사람이 되고 싶다.

는 못 해' 같은 생각은 하지 않기로 했다. 나를 움직이게 하는 에너지를 믿고 항상 그랬듯 거북이처럼 천천히, 더디지만 확실하게 나아가자고 스스로를 응원할 뿐이다. Life is made of small moments like this. Find your own little shining moments!

이 일을 시작할 때의 마음가짐을 한 줄로 설명한다면요? 일단 해보자. 해보지도 않고 후회하지 말자. 꾸준함이 이긴다.

처음 보는 사람에게 본인의 직업을 어떻게 소개하세요? 행복은 우리 일상 속 작은 순간들에 있다는 메시지를 다양한 형태로 전달하는 사업을 합니다. 그리고 넷플릭스 프로그램들의 비주얼/아트 디렉팅과 스타일링을, 어쩔 땐 브랜딩의 전략기획을 합니다. 꾸준히 기록한 글들로 독립출판을 한 작가이기도 합니다.

일을 시작할 때 돈에 대한 불안은 없었나요? 안정적인 직장을 나오면서부터 돈에 대한 불안이 항상 있었어요. 물론 회사에 다닐 때부터 그랬을 수도 있고요. 이러나저러나 돈에 대한 불안에서 벗어날 수 없으니 결국 마음가짐이 제일 중요한 거라고 생각해요. 정말 웃긴 건 '텅장'이 될 것 같을 때 기가 막히게 새로운 일들이 생기곤 하더라고요. 그러니 정답은 나를 믿고 꾸준히 나아가는 것밖에 없는 것 같아요.

이 일의 어떤 점이 가장 재밌나요? 가장 큰 원동력은 무엇인가요? 정답이 없다는 점이 가장 재밌어요. 정답이 없으니 창조할 여지가 생기죠. 세상에 없는 무언가를 내보이고 있다는 것, 그로 인해 삶을 대하는 태도가 긍정적으로 바뀌고 있다는 게 일의 가장 큰 원동력이에요.

협업하는 사람(클라이언트, 파트너사 등)을 대하는 나만의 원칙 혹은 태도가 있을까요? 언제나 진심을 다해 대하자. 절대 이기적으로 행동하지 말자. 소중한 인연임을 잊지 말자. 결국에 모든 것은 사람이 하는 일이니까요. 혼자서 할 수 있는 일이 없고, 내가 마주하는 모든 사람 '덕분'이라는 생각을 하면 겸손해질 수밖에 없어요. 그러다 보면 또 생각하지도 못한 순간에 다시 좋은 일로 마주하기도 하더라고요!

돈의 목표치가 있다면 얼마인가요? 사랑하는 사람들과 맛있는 식사를 하면서 서프라이즈 선물을 사줄 수 있고, 여행을 자유롭게 다닐 수 있는 만큼. 그리고 돈 때문에 행동에 제약이 없을 만큼 벌고 싶어요.

이 일이 앞으로 어떻게 뻗어나갈 것 같으세요? 이후의 계획이나 목표가 있다면요? 더 다양한 형태로 전개될 수 있을 것 같습니다. 행복은 우리 일상 속 작은 순간 속에 있다는 메시지를 공유하는 확장된 개념의 커뮤니티와 하나의 무브먼트로 뻗어가길 희망합니다. 언젠가 사람들이 '리틀샤이닝모먼트'를 하나의 고유어로 쓸 수 있으면 좋겠어요.

롤 모델이 있다면 누구인가요? 그 사람이 종화 님에게 특별한 이유는요? 부모님이요. 책임질 수 있는 자유와 배려, 겸손함에 대해 어렸을 때부터 많이 강조하셨거든요. 저에게 가족은 너무 큰 의미라서 더 특별합니다.

자신의 브랜드만이 가진 경쟁력은 무엇인가요? 사람들에게 어떤 인상으로 각인되고 싶으세요? 경쟁력은 결국 진심에서 온다고 말하고 싶어요. 저의 가치관이 고스란히 담긴 브랜드이기 때문에 항상 마음을 다해 더디지만 확실하게 전개하려고 노력 중이거든요. 사람들에게는 늘 따뜻하고 사랑 가득한 브랜드로 기억되면 좋겠습니다.

일

사람

돈

저는 타월 브랜드를
운영하고, 주로
리빙/패션 브랜드
업계 사람들을 만나며,
한 달에 2000만 원을
벌고 싶은
김기범입니다.

우선 내가
매력이 있어야

데뷔곡이 꼭 뜬다는
보장은 없다

집을 사기
위해서가 아니라

예전의 나는, 인간관계에서 뭘 바라는 것은 나쁜 것이고 야비한 것이고 안 좋은 것이라고 생각했었다. 바라지 않고 만나고, 바라지 않고 유지되어야 진정한 관계이고 그렇지 않다면 나에게 뭔가 해를 끼치는 '나쁜 관계'라고 여겼다. 하지만, 경험의 폭이 넓어지고, 사회생활의 시간이 길어질수록 꼭 그런 것만도 아니라고 느끼고 있다. 가족이 아니고서야 서로 뭔가를 주고받지 않으면 관계가 이어지지 않는다. 그게 경제적인 도움일 수도 있고, 재미일 수도 있고, 편안함일 수도

나는 우리 팀을 밴드라고 생각한다. 보컬, 기타, 베이스, 드럼, 키보드처럼 각 파트가 있고, 누가 더 중요한가를 가를 수 없고, 멤버가 다 있어야 비로소 밴드가 된다. 기타가 애드리브를 칠 때, 베이스는 라인을 잘 따라가 줘야 하고 드럼은 박자를 잘 맞춰줘야 하고 키보드도 마찬가지다. 여기서 가장 중요한 것은 멤버에 대한 신뢰이고, 합이다. 이 모든 것이 따라줄 때 비로소 명곡이 탄생한다.
밴드는 멤버 교체 없이 가기도 하지만, 파트의 멤버가 바뀌면서 유지

너무 당연한 이야기지만, 돈을 벌기 위해 일을 한다. 물론 일을 하면서 생기는 성취감이나 자아실현도 중요한 부분이겠지만, 결국에는 돈을 벌지 못하는 일은 일이 아닌, 작업이라고 생각한다. '돈을 벌기 위해 일을 한다'는 게 참 단순한 것 같으면서도 어렵다. 일을 하다 보면 내 스타일과 내가 보여주고 싶은 것에 빠져서, 제품을 판매해 돈을 벌어보자는 생각보다 자아실현의 방향으로 일이 진행되는 경우도 종종 있다. 머리로는 제품을 만드는 것이 고객에게 선보이고 판매

있으나, 뭔가는 주고받아야 한다. 서로가 주고받는 게 없으면 인간관계는 길게 이어질 수 없고, 흐지부지해지거나 점점 관심이 없어지고 만다. 꼭 물질적인 것을 주고받아야 하는 것은 아니다. 사람 사이에서 주고받는 것 중에는 '매력'이 제일 중요한 것 같다. 매력이야말로 정말 다양하다. 재미있어서 즐거워서 편해서 같은 감정의 부분일 수도, 예뻐서 잘생겨서 멋있어서 같은 외적 부분일 수도, 돈이 많아서 부동산이 있어서 성공해 봐서 같은 능력의 부분일 수도 있다. 그 매

되기도 한다. 오리지널 멤버 구성으로 최고의 전성기를 맞기도 하고, 몇 차례 멤버가 바뀐 후에야 전성기가 오는 경우도 있다.

회사를 운영할 때도 마찬가지인데, 파트가 바뀌기도 하고 멤버가 바뀌기도 하면서 제품을 만든다. 멤버의 실력이 뛰어날 때도 있고, 그렇지 않을 때도 있는데, 멤버 개개인의 능력이 뛰어나다고 해서 반드시 팀의 능력이 높아지는 것은 아니다. 조율이 필요하다. 또한 많은 곡(제품)을 쓰고 연습을 많이 하는 것은 당연히 중요하다. 이것을 한

하고 돈을 벌기 위함임을 알지만, 실현을 경유하지 않는 일도 드물기는 한 것 같다.

아무래도 40대 중반이 되니 20~30대일 때보다는 돈을 많이 번다. 돈을 쓰는 이유나 가치도 조금은 변했다. 예전에는 뭔가를 가지고 싶다는 욕망이 컸다. 지금도 물론 재화에 관심이 많지만, 이제는 돈으로 시간과 경험을 사는 것에 비중을 많이 두고 있다. 예전에는 비행기의 비즈니스 클래스는 그냥 부자들이 도착지까지 편하게 가려고 탄다

력들 모두 관계를 유지해 나가는 데 중요한 부분이 되는 것 같다. 결국 '내가 매력적'이어야 상대에게 어필이 되어 쌍방적이든 일방적이든 관계가 유지된다.

관계를 위해서는 매력을 만들고 보여주고 유지시켜야 한다. 인간관계가 나의 매력에 달려 있다고 생각하면, 남에게 휘둘리거나 남 탓을 할 필요가 없어진다. 단순히 나의 매력 포인트가 상대에게 매력적이지 않게 되어 관계가 소원해질 뿐이다. 매력이라는 것이 참 어려운

다고 꼭 명곡이 나오는 것은 아니지만, 이것 없이 명곡은 절대 나오지 않는다.

제품을 생산해서 판매를 하는 것도 밴드가 곡을 내는 것과 비슷하다. 기획, 디자인, 생산, 물류, 관리, 판매, 영업, 홍보 등의 다양한 파트가 있고 그 파트들이 유기적으로 움직여서 판매를 한다. 그 파트들의 합이 좋다고, 제품이 좋다고 무조건 잘 팔리는 것도 아니고 명곡(?)이 탄생하는 것도 아니다.

는 인식만 있었는데, 지금은 꼭 그런 것만은 아니라는 것을 알게 되었다. 불필요한 체력 소모와 불편함을 배제하고 최상의 컨디션으로 일을 하기 위해 돈을 쓰는 것이다. 단순히 몸이 편하자고 하는 선택이 아니라, 갈아타거나 기다리는 시간을 아끼는 것을 넘어서 '시간을 사는 행위'라고 생각한다. 택시도 마찬가지다. 예전에는 보이는 것을 위해서 돈을 벌었다면, 이제는 보이지 않는 것을 위해서 돈을 벌고 싶다.

데, 누구에게는 매력인 것이 누구에게는 감점 포인트가 되기도 하기 때문이다. 매력은 갑자기 생기지 않는다. 내가 원하는 매력을 만들기 위해서는 노력과 시간이 필요하다. 공부일 수도 있고, 운동일 수도 있고, 일일 수도 있지만, 그게 무엇이든 노력해서 남들이 매력이라고 느낄 수 있는 부분까지 끌어올려야 어필이 가능하다. 노력은 물론 시간도 중요하다. 그렇게 만들어진 매력을 어필도 해야 한다.

브랜드도 마찬가지로 매력이 있어야 선택받을 수 있다. 세상에 나와

팀이 하고 싶은 이야기를 꾸준하게 하는 것이 중요한 것 같다. 데뷔곡이 꼭 뜬다는 보장이 없으니까.

이번 휴가는 런던과 파리에서 보냈다. 때마침 손흥민 선수가 런던이 연고지인 축구팀 토트넘 홋스퍼에서 주장을 달았고, 이강인 선수가 파리가 연고지인 축구팀 파리 생제르맹으로 이적을 했다. 한국의 스타 선수가 마침 내가 있는 도시에서 경기를 하고, 운이 좋게도 표도 구할 수 있는 상황이었다. 꽤 비쌌지만, 지불했다. 돈으로는 환산할 수 없는 경험과 추억이었지만, 한편으론 돈이 없으면 이런 경험과 추억도 더는 없겠구나 하는 생각이 들었다. 물론 돈이 있어야만 경험

같은 종목의 제품을 전개하는 회사는 많지만, 꼭 이 브랜드와 일하고 싶다라는 매력이 있어야만 살아남을 수 있다. 그래서 많은 매력을 지닌 브랜드가 되기 위해 노력하는 중이다. 단순히 가격일 수도 있고, 디자인일 수도 있고, 납기일일 수도 있지만, 나는 매력이 더 깊숙한 곳에서 나온다고 생각한다. 제품 하나를 만들 때도 유행을 좇아 기획한 적은 12년간 단 한 번도 없었다.

먼저 '우리가 무엇을 이야기하고 싶은가'를 고민했다. 우리의 매력은

을 할 수 있는가? 하면 꼭 그렇지는 않다. 책을 읽거나 영화를 보거나 음악을 듣는 것은 큰돈이 필요하지 않다. 하지만 부족한 시간과 떨어지는 체력을 사기 위해서 어느 정도의 돈은 필요한 것 같다. 돈으로 산 경험을 통해 다시 새로운 돈을 벌 기회가 생긴다면 더없이 좋을 거다.

나는 열심히 일해서 많은 돈을 벌고 싶다. 그건 시간과 경험을 사기 위해서다. 집을 사기 위해서가 아니라.

바로 이야기라고 생각했고, 제일 먼저 하고 싶었던 이야기는 '단순한 것은 멋있다'였다. 내가 타월을 시작할 때만 하더라도, 의외로 아무 무늬도 없는 심플한 무지 타월은 구입하기 어려웠다. 대부분 타월 공장에서 판촉물로 찍어내는 제품들이 시장을 형성하고 있었기 때문에 무지는 폼(?)이 안 나니까 뭐라도 자수 로고가 찍혀 있거나, 자카드로 무늬를 만들어 화려하게 해놔야 제품의 매력이 있다고 생각하는 분위기였다. 나는 심플한 게 좋았고 아무 무늬가 없는 제품이야말로 폼이 나는 것이라고 생각했다. 그래서 무지 타월을 만들었고, 서서히 나와 같은 생각을 하는 손님들이 많아져서 판매가 지속되었다. 제품은 만들었으니 매력을 알아줄 수 있도록 해야 했다. 나의 경우는 매일 블로그를 쓰거나, 아무도 봐주지 않더라도 혼자 광고를 만들어 블로그에 올리는 것으로 시작했다. 봐주는 사람이 없다고 생각했지만, 봐주는 사람들이 있었고 꾸준한 시간을 쌓아나갔더니 연락을 주는 사람들이 생겼다. 내가 설정한 매력 포인트가 어필이 되면 손님은 공감을 하고 제품을 구입한다.

인간관계와 마찬가지로 브랜드도 매력을 잃으면 자연히 관계가 끊어진다. 매출이 떨어지는 것은 남(손님)이 변했거나, 남들(경쟁 브랜드)이 잘해서가 아니라 나의 매력이 떨어졌기 때문이라고 생각한다. 그 관계를 돌이키기 위해 다른 매력 포인트를 찾거나, 현재의 매력 포인트를 더욱 어필할 수 있도록 노력해야 관계가 이어지는 것 같다. 그러기 위해서는 또 시간과 노력이 필요하고……. 결국 계속 이것의 반복인 것 같다.

인간관계와 마찬가지로 우선 내가 매력이 있고, 그 매력을 누군가에
게 보여줄 수 있도록 상황을 만들고, 누군가는 매력을 느껴줘야 관계
가 만들어지는 것 같다. 관계는 남에게서 찾는 게 아니고 나를 보여
줘야 하는 것일지도 모르겠다.

이 일을 시작할 때의 마음가짐을 한 줄로 설명한다면요? **계속이 힘이다.**

처음 보는 사람에게 본인의 직업을 어떻게 소개하세요? **"집에 수건은 다 있으시죠?" 타월 브랜드 TWB를 운영하고 있습니다.**

일을 시작할 때 돈에 대한 불안은 없었나요? **시작할 때는 돈에 대한 불안 은 별로 없었습니다. 30대 초반에 사업을 시작했기 때문에 잘 안되면 회사 에 복귀하면 된다고 생각해서 돈 자체에는 크게 관심이 없었습니다. 당시 에는 돈도 돈인데 재미있는 걸 해보고 싶다는 생각이 더 강했습니다. 대부 분의 사람은 타월에 큰 관심이 없지만, 저는 이게 멋지고 연구해 볼 만하다 는 걸 알기 때문에, 이걸 보여주는 데만 관심이 있었습니다. 사실 직원들이 생기고 사무실이 조금 더 커질 때 돈에 대한 불안이 생겼습니다. 그때는 사**

이 일의 어떤 점이 가장 재밌나요? 가장 큰 원동력은 무엇인가요?

타월은 패션처럼 주목받거나 사람들이 열광하거나, 주인공이 될 수 있는 품목은 아닙니다. 하지만 그렇기 때문에 누구나 사용하고 집에는 반드시 있다는 점이 좋습니다. 또한 주목받지 않는 아이템이기 때문에 오히려 발전할 수 있는 부분이 많아 재밌습니다.

협업하는 사람(클라이언트, 파트너사 등)을 대하는 나만의 원칙 혹은 태도가 있을까요? 아직도 타월 분야는 '공장에 하청' 맡기는 듯한 뉘앙스로 시작하는 클라이언트가 많습니다. 저희는 '꼭 TWB와 하고 싶다'라는 존중이 없으면 아무리 돈이 되는 일이어도 협업하지 않습니다. 역으로 돈이 안 되더라도 너무 재미있는 기획이나 매력 있는 브랜드라면 저희 측에서 부담이 있더라도 진행하는 편입니다.

업의 규모가 처음보다 커진 상황이었기 때문에 이 매출로 다 같이 나누니까 불안한 것이지 적게 하고 혼자 가져가면 나름대로 괜찮다고 생각할 규모였습니다. 그리고 최악의 경우는 '다 자르고 나 혼자 조그만 사무실에서 하면 먹고살 수는 있다'라는 생각으로 해왔습니다.

이 일이 앞으로 어떻게 뻗어나갈 것 같으세요? 이후의 계획이나 목표가 있다면요? 외관에 집중하는 아이템만이 고관여 상품이었다면, 그동안 저관여 상품으로 여겨지던, 집 안에서 내가 매일 쓰는 물건이 고관여 상품이 되고 있습니다. 한국의 생활수준이 점점 높아짐에 따라 집 안에서 쓰는 물건들에 관심이 더 쏠리고 '아무거나 쓴다'에서 '취향이 있는 제품들을 선택해 산다'로 점차 바뀔 것입니다. 저희는 그중에서도 "나는 수건은 TWB를 써"라고 말할 수 있는 브랜드가 되고 싶습니다.

롤 모델이 있다면 누구인가요? 그 사람이 기범 님에게 특별한 이유는요? 롤 모델은 없습니다. 요즘은 레오나르도 다빈치처럼 르네상스 시대의 아티스트들에게 매력을 느끼고 있습니다. 작품에 숨겨놓은 의미, 그 코드들이 해석되고 밝혀지는 것이 재미있다고 생각합니다. 예를 들면 저희 타월 중에 '골든 키'라는 제품에는 '125호실'이라는 디자인이 입혀져 있는데, 그건 사실 저희 사무실 주소거든요. 저도 제품에 조금씩 그런 장치를 넣으려고 하고 있습니다.

돈의 목표치가 있다면 얼마인가요? 돈을 기준으로 목표를 세우지는 않습니다만, 사업이 잘 돌아간다는 전제하에 부자 동네에 집 하나 살 정도면 될 것 같습니다. 액수로 말하자면 60~70억 정도인 것 같습니다. 하지만 역으로 100억을 준다고 해서 은퇴하고 싶진 않습니다. 새로운 제품을 만들고, 새로운 작업을 할 때 나오는 도파민이 인생에서 아주 중요한 부분이기 때문입니다. 100억으로 돈과 시간을 소비하기 위해 살고 싶지는 않습니다.

일

사람

돈

자신의 브랜드만이 가진 경쟁력은 무엇인가요? 사람들에게 어떤 인상으로 각인되고 싶으세요? "난 TWB 수건을 좋아해"라는 인상을 주고 싶습니다. 좋은 제품이라는 것이 어려운데 왜냐하면 단순히 퀄리티만이 아니고 브랜드가 가진 이미지, 주장하는 캠페인, 제품을 사용하는 사람 등이 합쳐진 것이기 때문입니다. 좋은 브랜드로 자리 잡기 위해서는 제품력은 물론이고 이걸 꾸준히 보여주는 시간이 제일 중요합니다. 13년간 꾸준히 TWB만의 결을 유지해 오고 있다는 것, 앞으로도 더 노력할 것이라는 게 저희의 경쟁력입니다.

저는 두 아이의
엄마이자 뷰티 브랜드
BM으로 일하고,
주로 생각과 행동이
긍정적인 사람들을
만나며, 제 아이들이
꿈을 펼치는 데
어려움이 없을 만큼
벌고 싶은
오하나입니다.

누구에게나
위기는 온다

나에겐
팬클럽이 있다

재테크 대신
경험을 샀다

나는 뷰티업계에 종사하고 있는 13년 차 직장인이다. 8살, 5살 두 딸 아이를 키우고 있는 워킹맘이기도 하다.

고비는 첫째 딸이 3살쯤 되었을 때 찾아왔다. 당시 나는 업계 1위인 뷰티 브랜드의 영업전략팀에 있었다. 월간, 연간 브랜드 프로모션 전략을 모두 짜는 데다, 실행에 옮기기까지 하는 팀이었기에 스트레스가 어마어마했다. 주말이나 휴가에 상관없이 업무 스위치를 언제든 켤 준비가 되어 있어야 했고, 매일을 긴장 속에 살았다. 밤늦게 녹초

내가 세상에 태어나 가장 잘한 일이 있다면, 그것은 두 딸을 낳은 것이다. '아이는 나를 살아가게 하는 이유예요'라는 말은 괜히 하는 말이 아니었다. 아이들은 내게 이전에는 경험해 본 적 없는 완전히 다른 질감의 행복을 줬다. 솜처럼 폭신하고 보름달처럼 크고 둥근 무언가가 가슴에 꽉 들어찬 느낌이랄까. 무엇보다 자식의 존재는 스스로 더 나은 사람이 되어야겠다는 선한 의지를 다지게 한다. 그 전과는 비교할 수 없는 인내와 용기는 덤이다. 내가 일을 하는 이유도 팔 할

코로나로 세상이 멈춰 있던 어느 가을날, 남편이 느닷없이 시골 구옥을 사자고 했다. 아이들을 집에만 갇혀 있게 둘 수 없다며, 우리만의 공간을 만들자고 했다. 현실적이지 못한 일이라 생각했다. 흔히 말하는 '투자 목적'으로는 가치가 크지 않은 것이 구옥이고, 고작 30대인 우리에게 세컨드 하우스라니 엄두가 나지 않았다. 한마디로 이상향에 가까운 일이었다.

그런데 남편이 나를 데리고 슬금슬금 임장을 다니기 시작했다. 사실

가 되어 집에 돌아오면 지친 얼굴로 아이를 씻기고 있는 남편과 어질러진 집이 기다리고 있었다. 남편도 업무 강도가 둘째라면 서러운 광고 회사 카피라이터였다.

서로에게 좋은 말이 나갈 수가 없었다. 나는 어질러진 집이 제일 먼저 눈에 들어왔고, 최선을 다하고 있다고 생각한 남편은 그런 내가 야속했다. 우린 9년이나 연애했고, 이야기가 끊이지 않는 소울메이트였지만, 어느샌가 대화는 단절됐다. 서로의 생각과 감정에 대해 이

은 아이들 때문이다. 더 나은 환경에서 자라게 하고 싶은 것은 물론, 자신의 일을 사랑하고 몰입하는 주체적인 여성으로서의 모습도 보여주고 싶다.

첫째가 회사에 처음으로 놀러 온 날이 아직도 생생하다. 육아휴직을 마치고 복귀한 지 얼마 되지 않은 어느 겨울날이었다. 퇴근 시간에 맞춰 남편이 서프라이즈 이벤트로 데리고 온 것이었는데 로비에 있다는 연락을 받은 후부터 심장이 쿵쿵거렸다. 가장 사랑하는 존재에

공간 리모델링에 대한 관심이 많았던 터라, 점차 동화되는 나를 발견했다. 구옥들을 볼 때마다 자꾸만 수리 후 모습이 그려졌다. 상상 속에선 이미 아이들이 뛰어놀고 있었다. 이것이 부창부수인가. 그러나 현실이 떠올라 쉽게 결정을 내리지 못했다. 그때 평소 존경의 마음을 가지고 있던 브랜드 대표님이 내게 이런 말을 했다. 지금은 '경험의 시대'가 아니겠냐며, 분명 얻는 것이 있을 것이라고 말이다. 마음은 점차 기울어졌다. 분명한 건 아이들의 유년 시절을 우리 가족만의 이

야기 나눌 시간이 정말이지 없었다. 점차 부부간의 교감은 사라져 가
고 오해는 쌓여갔다. 분명 아이가 있어 행복한데, 이름 모를 우울감
이 낮게 깔려 있었다. 아이 없이 둘만 있으면 무얼 해야 할지 모르는
그런 사이가 되어갔다. 다들 그러며 산다고는 하지만, 남편에게 내가
더 이상 소중한 존재가 아니라는 느낌을 받는 것은 슬픈 일이었다.
육아휴직 때까지만 해도 넘쳐나던 아이의 사진첩도 메말라 갔다. 아
이의 성장과 그 속에서 오는 기쁨을 오롯이 느낄 여유가 없었다. 다

게 또 다른 나를 보여주는 날이 온 것이다. 빨간 패딩을 입은 작고 소
중한 아이가 로비 소파에 앉아 있었다. 평소 별 느낌이 없던 회사 건
물이 크리스마스 전구를 단 것처럼 반짝이는 기분이었다.
그때 아이는 고작 16개월이었던지라 이해할지 모르겠으나, 나는 나
의 일을 열심히 소개해 줬다.
"여기는 엄마가 다니는 회사야, 놀러 와줘서 얼마나 기쁜지 몰라. 엄
마가 다니는 회사는 화장품 만드는 일을 해, 엄마가 어린이집에서 지

야기로 채울 수 있다는 것이었다.
결국 도전해 보기로 마음먹었다. 처음 계획한 구옥 매매와 리모델링
을 위한 총예산은 1억 5000만 원. 이 중 1억은 은행 대출로 마련했다.
이자로 월 30만 원 정도 예상되었고, 요즘은 어딜 가든 숙박비가 이
금액보다는 높기에 여행비로 여기기로 했다. 하지만 한편으론 어찌
보면 삶에 필수적이지도 않은 일에 대출까지 받으며 일을 진행해야
하는 것인가 고민이 됐다. 1억 5000만 원으로 할 수 있는 다른 경우

시는 돌아올 수 없는 가장 예쁘고 귀여운 아이의 3살, 그 소중한 시절
이 일에 묻혀 속절없이 흘렀다. 아이를 눈에 담든, 사진을 찍든 더 많
이 남겨두지 못한 것에 대한 미안함과 후회가 밀려왔다.

이 상황을 만든 것은 '일'이었다. 우리는 왜 일을 하고 있는 것일까, 우
리는 왜 일을 놓지 못할까. 우리에게 닥친 물리적 상황에 대한 원망이
커질수록 일을 하는 이유에 대한 근원적인 질문이 이어졌다.

'그만둘까.'

원이를 못 데리고 오는 이유도 여기서 일을 하기 때문이야, 그런데도
매일 씩씩하게 잘 지내줘서 고마워."

그 이후로도 기회가 되는대로 아이들을 회사에 데려왔고, 집에 가기
전엔 꼭 회사 근처의 근사한 카페나 음식점에서 시간을 보냈다. 올
때마다 부서의 동료들이 이모, 삼촌이 되어 크나큰 환대를 해줬는데
지금 돌이켜봐도 정말 고맙다. 이 모든 것들이 아이에게 엄마의 회사
와 일에 대한 좋은 기억을 심어줬으니까.

의 수들이 이따금 머릿속을 맴돌았다.

여러 번의 임장과 탐색 끝에 망설임을 사라지게 하는 구옥을 발견
했다. 사람이 살지 않는 56년 된 구옥. 우연히 발견한 집이었는데 첫
눈에 반했다. 빈집임에도 목가적이면서 어딘가 따뜻한 느낌이 있었
다. 요모조모 살펴보니 요즘의 집과는 달리 가로로 긴 타입의 구조
도 매력적이었다. 작지만 구조가 입체적이어서 수리 후 모습이 재미
있겠단 생각을 했다. 매매 금액도 예산보다 훨씬 안쪽으로 들어오는

이 네 글자가 머리에서 떠나질 않았다.

그럼에도 불구하고 결국 나는 그 시간을 버텼다. 열이 솟구치다가도, 차갑게 내 속을 들여다보면 나는 여전히 일과 회사가 좋았다. 문제를 해결하는 근원적인 방법은 지금의 팀을 벗어나는 것이지, 회사를 떠나는 것이 아니라는 결론에 도달했다. 많이 배우기도 했지만 5년이나 있었다. 미련이 없었다. 무엇보다 뷰티 회사에 왔으니 마케팅 부서까지 경험하고 싶었다. 그래야 후회가 없을 것 같았다.

상품 개발을 하는 BM 부서로 옮기고 난 후엔, 나의 일을 좀 더 가깝게 보여주기로 했다. 제품 개발을 하면 수도 없이 많은 품평품들을 다루게 되는데, 이때 아이들에게 어떠한지 물어본 것. 손등 위에 콕 찍어주고, "엄마 이거 개발 중인데, 어때?" 하고 물어보면 신남과 진지함이 공존하는 그 얼굴이 어찌나 귀엽던지……! 엄마 일이라 여겨서일까, 작고 귀여운 입을 오물거리며 열심히 의견을 주려는 마음이 느껴졌다.

8000만 원 선. 구옥을 구입한 다른 분들의 후기에서 본 '운명같이 다가오는 집'이란 것이 바로 이거구나 싶었다. 발견부터 매매까지 일주일 만에 진행됐다. 일이 되려니 모든 게 착착 맞아떨어지는 느낌이었다.

리모델링을 위해 시공업체를 찾는 것이 다음 과제였다. 번듯한 건축사무소부터 물어보니 우리 계획대로 하고 싶으면 1억은 훌쩍 넘길 것이라 했다. 차라리 집을 새로 짓는 게 낫다는 말과 함께. 우리는 으이를 악물지 않고 반대로 살짝 핀을 풀었다. '물은 물이요 산은 산이로다'와 같은 관망의 자세랄까. 하루를 끝내면 어김없이 내일은 왔고, 그렇게 일주일이, 분기가, 1년이 지났다. 그리고 결국 뉴브랜드를 만드는 TF팀의 제품 개발 BM(Brand Manager)으로 옮겼다. 브랜드와 세일즈 플랫폼까지 새로 만드는 팀이었기에, 뷰티 산업 전반에 대한 고찰까지 해볼 수 있는 기회였다. 1년 후엔 그룹에서 가장 역사가 깊은 럭셔리 브랜드의 BM팀으로 한 번 더 자리를 옮겼다. 제조업 기

"향은 처음 게 꽃 향이 더 나서 좋아, 발리는 느낌은…… 둘 다 좋은데?!"
나의 일이 잠시 놀이가 되고, 그 시간 자체가 행복이 되었다. BM 엄마로서 해줄 수 있는, 감각을 다루는 독특한 경험일 수 있겠단 생각을 했다. 그래서일까, 아이들은 좋은 과일이나 풀 향을 맡게 되면 회사에 가져가서 화장품으로 만들어 오라는 주문을 하기도 한다. 내가 속한 브랜드의 모델이 어디선가 보이면, 세상 가장 반가운 얼굴로 엄

리번쩍한 새 집을 원한 게 아니었다. 현대적인 요소를 넣어 지내기에 불편함이 없도록 만들고 싶었지만, 오랜 시간에서 오는 특유의 멋과 아늑함이 있는 구옥의 매력을 살리고 싶었다.
결국 우리는 우리식대로 이 집을 바꿔보기로 했다. 일괄로 맡기는 것이 아니라 구상과 기획은 우리가 하되 시공만 전문가에게 맡기기로 한 것. 마침 이런 우리의 바람과 맞는 시공업체를 만났다. 계약조차 일일이 손으로 쓴 계약서를 사용할 만큼 지극히 아날로그적인 곳이

반인 회사에서 상품은 업의 핵심이기에, 상품을 개발하는 BM은 꼭 한번 해보고 싶은 일이었다.

영업 전략과 BM의 일은 확실히 차이가 있었다. 영업전략팀은 일의 속도감이 빠른 것이 특징. 단기 매출 목표가 이어지기에 새로운 프로젝트 간 기간이 짧고 성과 피드백이 빠른 것이 장점이었다. 반면 BM은 일의 호흡이 길고 깊이가 있다. 하나의 상품을 개발하기까지 길게는 수년이 걸리고, 담당하는 제품의 경쟁력을 찾기 위해 깊게 파고들

마 저기 봐! 하기도 한다. 이럴 땐 엄마로서도, 일을 하는 나로서도 지지받는 느낌이라 나도 모르게 웃음이 난다.

최근 회사를 그만둘까 깊게 고민을 한 적이 있다. 여러 가지 이유 때문이었는데 마음이 확고하진 않았다. 초등학생이 된 첫째에게 물어봤다. 너희랑 보내는 시간도 훨씬 많아질 텐데 그만두면 어떻겠냐고. 그랬더니 생각보다 더 단호한 답변이 돌아왔다.

"엄마 잘하고 있는데 왜 그만둬, 엄마는 일하는 게 멋있어. 그리고 돈

었지만, 주택을 고쳐본 경험이 많고 대화가 잘되는 분들이었다. 결론적으로 이렇게 진행함으로써 비용을 30퍼센트 이상 줄였고 집에 대한 애착은 더할 수 있었다.

매주 주말, PPT로 직접 그린 시안을 가지고 구옥에 내려가는 일이 시작됐다. 주말에 가서 공간에 대한 생각과 아이디어를 드리면, 주중에는 공사가 진행되는 식이었다. 아이들도 항상 동행했다. "엄마, 부엌에 냉장고는 여기가 좋겠어." "여기에는 침대를 두면 될 것 같아."

어야 했다.

두 업무는 요구하는 역량이 다르기에, 역할을 바꿀 때 진통도 있었다. 그렇지만 확실히 다양한 일의 방식과 시각을 배울 수 있었다. 스스로 깊고 넓어지는 것을 느낄 때 오는 희열도 있었다. 무엇보다 내가 몸담은 분야의 여러 면을 경험하고 싶다는 목표는 달성했다.

가장 위기였을 때, 이런 고민을 나눌 데가 없다는 것이 나를 더 힘들게 했다. '일과 육아를 병행하는 게 원래 힘들어요'라는 말은 상투적

벌어야지."

내가 일하는 엄마에 대해 너무 긍정적 인식만 심어놓은 게 아닌가, 실소가 나왔다. 그럼에도 다행인 건 아이와의 하원 대신 일을 선택했던 시간들이 아이에게 엄마의 결핍으로 다가오지 않았다는 것이다. 일이란 삶을 이루는 중요한 요소라는 걸 몸소 보여주고 싶었는데 최소한 그 목표는 이뤘다는 생각이 들었다. 딸아이와 이야기를 나누고, 나는 회사를 더 다니기로 마음을 굳혔다. 퇴사가 일의 은퇴를 의미하

6살이던 첫째가 조잘조잘 의견을 냈다. 점차 단순한 리모델링이 아닌 '우리 가족의 프로젝트'로 의미가 커졌다. 후반에는 인테리어 자재, 현관문까지 직접 골라 소요량을 계산해 구입하고 현장까지 배달했다. 녹록지 않은 작업이었지만 전혀 힘들지 않았다. 우리가 의도한 대로 조금씩 변화하는 집을 보는 것은 희열 그 자체였으니까……!

2021년 9월, 그렇게 세컨드 하우스가 완성됐다. 이름은 '유원지'. 두 딸아이의 이름 지원, 지유를 조합한 이름이자 우리 가족만의 유원지

일 뿐이었다. 우리 집만 대화가 더 단절되는 것 같았고, 나와 남편에게만 큰 문제가 있는 것 같았으니까.

누군가 그때의 나와 같은 고민을 한다면 꼭 전해주고 싶다. 누구에게나 위기는 온다고. 아이는 인생의 가장 큰 전환점인데, 심지어 처음 겪는 일이니 진통이 없을 수 있겠냐고. 그건 어느 누가 잘못하거나 유별난 것이 아니니, 힘든 감정의 굴로 더 들어가지 말라고 말이다.

사실 말이 쉽지, 잘 쌓아온 커리어를 멈출 생각을 하는 그 상황의 답

는 것은 아니지만, 아직은 이곳에서 내가 할 몫과 배울 점이 있다는 생각이 들었다. 어쩌면 아이들에게서 핑계를 찾고 싶었던 것 같다. 그리고 첫째가 이런 내 마음을 읽었는지도 모르겠다. 어리기만 한 줄 알았는데 아이는 어느새 훌쩍 커서 엄마의 가장 큰 지지자가 되어 있었다.

"엄마 잘 갔다 와!"

아주 사소하지만 힘이 듬뿍 나는 말이다. 우리 모두 각자의 시간을

라는 뜻이다. 우리 집의 이름은 현판이 되어 대문 앞에 붙었다. 첫째 지원이가 의견을 냈던 냉장고 위치도 그대로 반영되었다. 우리가 반했던 목가적이고 정답던 구옥의 외관은 유지하고, 내부는 우리의 취향과 온기로 채워 넣었다. 낡고 쓸쓸했던 처음의 모습과는 완전히 다른 또 하나의 집, 우리 가족의 프로젝트가 완성된 것이다. 성취감이 대단했다.

완공 후 2년이 지난 지금, 이곳은 우리 가족의 삶의 일부로 완전히 자

답함과 요동치는 감정에 얼마나 힘이 부칠지도 잘 안다. 가장 힘든 시기는 지났다 해도 일과 육아 사이에 오는 자잘한 파도들이 다잡은 마음을 흔든다는 것 역시 마음 깊이 이해한다. 퇴사가 한편으론 새로운 삶의 출발점일 수 있기에, 그만두는 것이 잘못된 선택이라 생각진 않는다. 그때 그만뒀더라면 지금의 나는 어떤 면에선 더 좋은 모습으로 살고 있을 수도 있다. 그러나 늘 마음 한구석에 뷰티업계에 대한 미련과 후회가 남았을 것이다.

잘 보내고 돌아오자는 이 말이, 가끔은 뭉클하기까지 하다. 약해진 마음을 다시 단단하게 해주는 마법의 인사랄까. 일하는 엄마를 응원하는 아이들이 있다는 사실을 다시 한번 상기하게 한다.
나에겐 나를 지지하는 최고의 팬클럽이 있다. 그러니 힘을 내지 않을 도리가 없다.

리 잡았다. 바쁜 주중을 뒤로하고 주말에 내려가면 저 멀리 유원지가 보이는 순간부터 마음이 편안해진다. 대문을 열면 차 엔진 소리를 듣고 하나둘 모인 고양이들의 밥을 챙긴다. 옆집 어르신들은 얼굴만 마주치면 무며, 고구마며 손수 키운 작물들을 가져다주신다. 어느 날엔 꼬맹이들 주라며 만 원짜리를 꼭 쥐여주시기도 한다. 젊은 부부가 시골에 왔다는 것 자체로 예뻐해 주신다. 요즘 시대에 이렇게 따뜻한 어르신을 이웃으로 만나다니, 우리는 복도 많다.

그저 이 짤막한 공감의 말이 누군가에게 위로가 되어, 본인이 원하는 길이 무엇인지 들여다보는 데 도움이 된다면 좋겠다. 견디기로 마음 먹었다면 시간은 어떻게든 가고 어떻게든 성장해 있을 것이다.

이곳은 사실 밭이 60평이나 되어서 부지런히 작물과 꽃을 심어야 한다. 밭 담당은 양가 부모님으로, 밭을 가꾸며 즐거워하시는 것이 눈에 보인다. 그야말로 온 가족의 '유원지'가 된 것이다. 생동하는 작물의 에너지가 부모님들께 옮겨간 듯 이전보다 더 활력이 생기셨다. 상추, 깻잎, 호박, 고추, 가지, 땅콩, 토마토, 무, 수박, 결명자까지 수많은 작물을 심었다. 아이들이 아침에 눈 비비고 일어나 고사리손으로 따 온 채소들로 아침상을 차리는 귀한 경험도 한다. 초보 농부 손에서도 풍

족히 자란 작물들을 보면 땅이 주는 풍요로움에 감사할 뿐이다.

큰 창으로 사계절의 빛과 색을 감상하는 것도 행복이다. 분명 도시
와 같은 계절인데 빛과 색이 다르다. 가장 좋아하는 계절은 오후 색
이 가장 예쁜 가을. 여름과는 다르게 미묘하게 깊어진 노을이 쓸쓸하
고도 따뜻하다. 누구나 시인이 될 수 있을 것처럼 감성이 깊게 채워
진다.

처음 이 집을 만들기로 결심했던 이유처럼, 이곳의 모든 장면은 돈으

로 살 수 없는 값진 경험이 됐다. 아이들의 유년 시절을 아름답고 천천히 흐르는 자연의 정서로 채우고 있다는 것이 가장 기쁘다. 어른들의 안식처인 것은 물론이다. 앞으로도 지금처럼 크게 대단하지 않은 잔잔한 이야기들이 이어질 것이다. 그렇지만 이 작은 조각들이 모여 우리 가족의 시간은 더 견고해지고, 내면은 더 단단해질 것이다.

이 일을 시작할 때의 마음가짐을 한 줄로 설명한다면요? 그토록 원하던 뷰티 브랜드에 입사하다니, 꿈은 이루어진다.

처음 보는 사람에게 본인의 직업을 어떻게 소개하세요? 뷰티 브랜드의 상품기획팀(BM)에 있다고 소개합니다. BM은 'Brand Manager'의 약자로 브랜드의 근간인 상품을 총괄하는 역할을 합니다. 상품 전략과 방향성을 수립하고 연구원, 디자이너, 패키지 엔지니어 등 수많은 파트너들과 상품을 개발합니다.

일을 시작할 때 돈에 대한 불안은 없었나요? 일을 시작한 20대 시절에는 돈에 대한 불안은 없었습니다. 내 몸 하나 건사하는 것은 어렵지 않았으니까요. 결혼을 하고 아이를 낳은 지금 오히려 미래에 대한 불안이 생겼습니다. 아이들에게 오래도록 든든한 버팀목이 되어주고, 나의 노후의 삶 역시 평안했으면 하니까요. 현재로서는 스스로의 가능성과 역량을 키우는 것이 이에 대한 해결 방법이라 생각합니다.

이·일의 어떤 점이 가장 재밌나요? 가장 큰 원동력은 무엇인가요? 일하고 있는 분야가 '뷰티'라는 것 자체가 재미이자 원동력 같습니다. 업계에 10년 이상 있다 보니 업에 건조해지다가도, 좋은 제품이나 브랜드를 접하면 구미가 확 당기는 느낌입니다.

협업하는 사람(클라이언트, 파트너사 등)을 대하는 나만의 원칙 혹은 태도가 있을까요? 타인과 일하는 회사원이라면 일종의 '서비스 마인드'를 가져야 한다고 생각합니다. 상대에 대한 예의는 기본이고, 적극적인 태도로 임하고, 성의껏 답변하며, 일정을 준수하는 것 모두 이에 해당됩니다. 회사원이 받는 월급에는 이런 상호적 태도에 대한 값 역시 포함되어 있다고 생각합니다.

돈의 목표치가 있다면 얼마인가요? 제 아이들이 안전한 길로만 가지 않고 때로는 모험을 할 수 있을 만큼 경제력이 뒷받침되었으면 합니다. 아이들이 꿈을 여러 갈래로 펼쳐보고, 실패할 용기를 낼 수 있도록 집안 사정이 늘 안정적이라면 좋겠습니다.

이 일이 앞으로 어떻게 뻗어나갈 것 같으세요? 이후의 계획이나 목표가 있다면요? 뷰티는 이성과 감성 두 영역을 모두 만족시켜야 하는 소비재입니다. 단순히 제품의 효능만 나열한다고, 혹은 외형만 예쁘다고 고객의 마음이 열리지는 않습니다. 이러한 복잡한 구매 여정과 트렌드 민감도가 높은 분야에서 일하는 것 자체가 큰 경험이라 생각합니다. 사실 언젠가는 제 브랜드를 만드는 것이 궁극의 목표입니다. 아직 구체적이진 않지만 사람과 아름다움을 다루는 어떤 일이 될 것 같습니다. 뷰티 분야에서 겪었던 많

롤 모델이 있다면 누구인가요? 그 사람이 하나 님에게 특별한 이유는요? 브랜드 '희녹'의 박소희 대표님의 행보가 멋지다고 생각합니다. 대표님과는 같은 뷰티 브랜드에서 일했던 인연이 있습니다. 퇴사 이후 브랜드를 론칭한 추진력과 에너지가 대단하시더라고요. '희녹 스프레이'라는 새로운 카테고리를 개척하는 등 브랜드의 방향성 자체도 좋았습니다. 비슷한 꿈을 지닌 같은 업계의 후배로서 진심으로 응원하고 있습니다.

자신만이 가진 브랜드 경쟁력은 무엇인가요? 사람들에게 어떤 인상으로 각인되고 싶으세요? 저는 주변을 편안하게 하는 장점이 있습니다. 느슨한 것과는 다른데 불필요한 일의 긴장도를 낮추려고 노력합니다. 좋은 분위기를 만들다 보니 자연스레 일하는 과정에서 좋은 사람들을 많이 얻게 되었습니다. 저는 '동료'라는 단어를 좋아합니다. 일에 대한 책임과 인간적 연대감이 모두 녹아 있는 단어이기 때문입니다. 저 역시 함께 일하고 있는 수많은 동료들에게, 각자의 일하는 순간을 더욱 값지게 만들어준 '좋은 동

은 경험들이 좋은 배움이 되어 자립할 그 날에 큰 자산이 될 것이라 생각합
니다.

료'로 기억되길 바랍니다.

저는 대기업 마케터와
인플루언서로 일하고,
주로 속도보다
방향을 중시하고
성장하는 사람을
만나며, 한 달에
500만 원 이상 버는
이형기입니다.

꾸준히 오래 하면
잘하게 된다

상대에게 무엇을
줄 수 있는가?

N캐인 저도
돈은 잘 못 법니다

돈

'과연 나는 워커홀릭인가?' 하고 생각하면 아무래도 아니지 싶다. 왜냐하면 나는 전통적인 개념에서의 워커홀릭과는 업무 스타일이 다르다. 그러니까 야근을 오래 하고, 책상에 앉아 움직이지 않는 엉덩이 무거운 사람은 아니다. 나는 정시 퇴근을 하고, 엉덩이 가볍게 여기저기를 돌아다니면서 새로운 경험(어떻게 보면 일과 상관없는)을 하는 사람이다.

하지만, 다시 생각해 보면 워커홀릭이기도 한 것 같다. 그건 내가 퇴

사람

사회생활을 하다 보면 다양한 사람을 만나기도 하지만 가까웠던 사람들과 멀어지기도 한다. 대기업 공채로 입사한 나에겐 입사 동기들이 있다. 한 달 동안의 신입사원 연수로 상당히 끈끈해졌다. 그런데 현업에 배치되고 바쁜 일상을 살다 보니 어느 순간 데면데면해졌다. 인연이 끊기는 또 다른 경우로는 결혼이 있다. 청첩장을 주는 시점에서 한 번, 결혼식에 참석하는 시점에서 한 번, 아이를 낳고 육아를 하면서 한 번, 이렇게 필터링이 된다. 결혼을 하지 않은 나는 이 과정을

돈

사람들에게 얘기하기 제일 힘든 주제 중 하나가 바로 '돈'일 것이다. "너 돈 얼마나 모았어?"라고 누가 질문했을 때 자신 있게 얼마 있다고 말할 수 있는 사람이 얼마나 있을까. 그나마 연봉이 얼마고, 월급이 얼마다, 정도는 친한 사람이라면 얘기하기도 하지만.

소득으로 좁혀서 이야기를 해보면, 대한민국의 K-직장인이라면 누구나 월급을 받는다. 월급은 근로소득에 해당한다. 나처럼 회사를 다니는 사람은 어느 정도 연차가 쌓이면 승진을 하고, 해당 직급의 연

근을 하고 나서 다시 출근을 하기 때문이다. 나는 본업인 대기업 마케팅 팀장 외에 인플루언서로 활동하고 있다. 그래서 퇴근 후에는 주로 팝업스토어나 전시회 등의 트렌디한 공간을 찾아가거나 아니면 집에서 사진을 보정하고 글을 쓰는 시간을 보낸다.

나는 블로그를 오랫동안 했다. 2012년에 개설을 했는데, 스멀스멀 포스팅을 하다가 본격적으로 1일 1포스팅을 하게 되었다. 1일 1포스팅을 하게 된 건 회사에서 SNS 채널 운영을 맡았기 때문이었다.

정말 무수히 겪었다. 각자 인생의 시간표가 다른 것이니 이해한다. 처음에는 엄청 서운했지만 말이다.

그렇다면 사회생활을 하면서 어떻게 새로운 관계를 맺고, 그 관계를 지속할 수 있는가? 속물 같은 이야기지만 '이 사람이 나에게 도움이 된다'고 느낄 때다. 여기에서 중요한 키워드는 '도움'이다. 즉, '도움'이라는 말을 어떻게 정의하느냐에 따라 관계를 맺고 유지하고 끊어지는 방법이 달라진다.

봉 테이블에 맞춰서 돈을 받는다. 나는 공채로 입사를 했기 때문에 동기들과 연봉이 비슷하다. 물론 고과를 우수하게 받은 사람들의 연봉이 조금 더 높은데, 어느 정도냐면 연봉 5퍼센트 정도의 차이다.

나 같은 직장인들은 연봉에 큰 차이가 없기 때문에 월급 외의 파이프라인을 만들어서 수입을 늘리기도 한다. 대개 많이 하는 것이 투자고, 최근에 뜨고 있는 것이 부업, 즉 N잡 활동이다.

나는 본의 아니게 N잡 활동을 오랫동안 하고 있다. N잡 활동을 통해 나도 에이전시도 이 업무가 처음이었기 때문에 각자 스터디하고 Trial&Error를 하면서 완성도를 높이기로 했다. SNS 채널 운영에 대한 책을 보니 하루에 한 개씩 포스팅을 올리는 이른바 1일 1포스팅이 유용하다고 하길래, 그때부터 조금씩 포스팅의 빈도를 늘려갔다. 1일 1포스팅을 한 지는 7년 정도 되었다. 하루에 한 개의 글을 꾸준히 올렸으니 워커홀릭이라고 봐도 될까?

1일 1포스팅을 해야겠다고 마음먹은 뒤 나는 제일 먼저 최근 두 달간

입사 동기들과 멀어지는 이유는 꽤 심플하다. 내 업무가 바쁘고 힘들어 죽겠어서 다른 사람들을 돌볼 여유가 없기 때문이다. 그나마 나의 힘듦을 이야기했을 때 공감해 주는 친구는 유지되는데, 실제로는 얘기를 할 수 있는 친구도 많지 않은 게 현실이다.

가슴 아픈 현실이지만 새로운 인간관계를 맺고 유지하는 데는 내가 쓸모 있어야 한다. 쓸모엔 여러 가지가 있겠지만, 많은 사람들이 공감할 쓸모를 이야기하자면 상대방의 '성장'에 도움이 되는 게 대표적

받는 돈은 기타소득에 해당한다. 개인의 능력으로 인해 발생한 프리랜서 소득은 모두 기타소득이다. 나는 블로그를 운영하면서 받는 네이버 애드포스트(광고 수익)와 포스팅을 해주고 받는 원고료, 룩북을 찍어주고 받았던 촬영비, 외부 강연을 하고 받았던 강사료, 책을 쓰고 받았던 인세 등의 수입이 있었다.

내가 블로그를 오래 운영했다고 하면 사람들은 돈 많이 벌었겠다고 얘기한다. 왜냐면 유튜브나 언론 같은 곳에서 성공한 인플루언서의

의 구글 캘린더를 모두 분석했다. 내가 하루에 글을 한 개씩 쓴다고 가정해 봤을 때, 포스팅에 걸리는 시간은 1~2시간이었다. 일주일에 7개의 글을 올려야 하니 7~14시간의 시간을 써야 했다. 회사 일과 별개로 말이다. 생각보다 시간을 만들기가 쉽지 않았지만, '저녁 시간에 회사 사람들과 식사하지 않는다'라는 원칙을 정해서 시간을 확보할 수 있었다. 사내 네트워크가 끊길까 봐 걱정이 되긴 했지만, 점심으로 약속을 돌리니 얼추 유지가 되었다. 시간을 확보하게 되었지만,

---

이다. 나의 경우 이런 상황을 꽤 많이 겪었다.

내가 블로그를 어느 정도 운영했을 때의 일이다. 광고대행사를 운영하는 친구가 초대받은 행사에 나도 같이 방문을 하게 되었다. 처음 본 행사 측 브랜드 관계자를 친구가 소개해 주었다.

친구: "이 친구는 마케팅 업무를 하고 있어요."

브랜드 담당자: "어떤 마케팅을 하고 계세요?"

나: "세일즈 프로모션과 SNS 운영을 하고 있어요."

삶에 대해 이야기하기 때문이다. 회사를 잘 다니고 있었는데, SNS가 잘되면서 회사를 퇴사해 전업 인플루언서가 됐다는 이야기는 모든 직장인에게 부러움을 산다. 왜냐면 자기가 하고 싶은 일로 돈도 벌고, 화려한 삶을 사니까 그렇다. 그런데 사실 이 얘기는 맞는 부분도 있지만 틀린 부분도 있다.

내가 해보니까 생각보다 돈이 되지는 않는다. 내 블로그는 하루에 5000명 내외가 방문한다. 이 정도면 국내에서 상위 2~3퍼센트 수준

이것만으로는 뭔가 부족했다. 사람의 집중력과 체력, 지구력은 한계가 있기 때문에 내가 1~2주 정도 하다가 그만두게 될까 봐 불안했다. 그래서 보완한 것이 중간에 쉬는 시간을 두는 방법이었다. 왜 축구도 전반전과 후반전 사이에 하프타임이 있고, 뮤지컬도 인터미션이 있지 않은가? 나도 수요일 저녁에 쉬는 시간을 가졌다. 체력을 회복하는 것도 중요했지만, 지친 정신도 회복해야 했다. 책을 보거나 개그 프로그램을 보면서 뇌를 리프레시했다. 수요일에 쉬면서부터 일요

브랜드 담당자: "아, 예."
이렇게 대화의 텐션이 내리막을 향해 내려가고 있을 때 친구가 다시 이야기를 이어갔다.
친구: "그런데 이 친구 파워블로거예요."
브랜드 담당자: "오, 그럼 어떤 콘텐츠를 올리세요?"
나: "브랜드의 팝업스토어도 올리고, 전시회 리뷰도 올리고, 여행기도 올려요."

의 블로그다. 네이버에는 네이버 인플루언서라는 제도가 있어서, 이들에게는 고가의 광고 상품을 게시하는데, 이렇게 해서 받는 광고비가 월 15만 원 내외다. 생각보다 큰돈은 아니다. 이 돈이면 본캐의 하루 일당도 안 된다. 그래도 원고료가 있지 않냐고? 원고료도 사실 큰돈이 되지는 않는다. 포스팅 하나에 20~50만 원 정도를 받는데, 한 달에 많아봐야 4~5개 정도 들어온다(물론 블로그의 주제에 따라 더 많이 받기도 한다). 사진 촬영도 20~50만 원을 받았는데, 촬영

일까지 지치지 않는 루틴을 이어갈 수 있었다.

이런 시간이 조금씩 축적되다 보니 좋은 기회가 많이 생겼다. 국내 유명 호텔과의 원고 작업도 하게 되었고, 채용 플랫폼에서 강연도 했다. 강연에서 사진을 찍는다고 말했더니, 스몰 브랜드와의 룩북 촬영 기회도 생겼다. 더 시간이 쌓이니 책을 쓰게 되기도 했다.

새로운 일들을 경험하면서 같이 작업하는 파트너에게 많은 질문을 했다. '왜 나와 강연을 하자고 했는가?' '왜 나와 사진을 찍자고 했는

브랜드 담당자: "그러면 오늘 저희 행사도 올려주시나요?"

나: "당연하죠. 사진 보정본도 메일로 드릴게요. 명함 하나 주세요."

내가 블로그를 운영한다고 하자 브랜드 담당자의 태도가 바뀌었다. 국내 대기업 마케팅 담당자는 자신과 브랜드에 도움이 되지 않지만, 브랜드의 팝업스토어 콘텐츠를 만드는 블로거는 도움이 되기 때문이다. 바로 명함을 받았고, 브랜드와 팝업스토어에 대한 소개 자료를 요청하여 받은 후 깔끔하게 원고를 작성해서 공유해 주었다. 그리고

하는 데만 3~4시간 걸리고 보정 역시 3~4시간 걸리는 것을 감안하면 시간당 2~6만 원 수준이라 높은 편은 아니다. 외부 강연의 경우는 1시간당 30~50만 원 정도의 단가인데, 1시간 강연을 준비하는 데 4~5시간이 걸리기 때문에 시급으로 환산하면 6~10만 원 정도다. 인세는 책 판매분의 10퍼센트를 정산받는데, 요즘 책을 사서 보는 사람이 별로 없기 때문에 1쇄를 다 파는 것도 쉽지 않다. 나는 운이 좋게 3쇄까지 찍었는데, 이렇게 해서 받은 돈이 100만 원 내외였다(세 명

가?' '나와의 원고 작업을 통해 타깃에게 전달하고 싶은 메시지는 무엇인가?' '당신의 브랜드는 어떤 브랜드이고, 어떤 특징이 있는가?' 등을 통해 브랜드가 가지고 있는 헤리티지, 문제, 마케팅 전략 등을 이해할 수 있었고, 이 경험을 모두 모아서 나의 본업인 콘텐츠 마케팅에 반영했다.

사실 이런 선순환 구조가 발생한 것은 최근 3년의 일이다. 처음 3~4년은 별일이 없었다. 그런데 어느 순간 발화점을 넘어서더니 그

그 이후로 브랜드 담당자는 행사가 있을 때면 연락을 주기도 했고, 다른 브랜드의 지인들에게 나를 소개해 주기도 했다. 이런 과정이 스노우볼 이펙트를 만들어내면서 다양한 인간관계가 만들어졌다. 흔히 말하는 인맥이 좋아진 것이다.

하지만 이 과정에서도 냉정한 현실이 존재한다. 기대한 만큼 관계가 이어지지 않는 경우도 있는 것이다. 아무래도 비즈니스 관계로 만났기 때문에 유지하기가 쉽지는 않다. 그렇다고 해서 새로운 관계를 형

공동 저자였다).

이렇게 해서 평균적으로 한 달에 벌어들이는 N캐 수입은 평균 100~200만 원 사이이다. 많이 벌 때는 300만 원 이상을 벌기도 했는데, 그래 봐야 인생 역전을 하기에는 부족한 돈이다.

즉, 수입만 놓고 본다면 N캐를 운영해서 대기업 팀장 이상의 돈을 번다는 것은 쉽지 않은 일이다. 돈을 정말 많이 벌고 싶다면, 금융소득으로 불리는 재테크를 잘해야 한다. 주식을 잘하던지, 부동산 투자를

때부터 나의 지식과 경험을 비약적으로 업그레이드시켜 주는 일들이 많이 생겼다. 사람들은 일을 새롭게 시작할 때 얼마나 임팩트 있게 집중해서 단기간에 끝낼 것인가를 먼저 생각하는데, 오히려 어떻게 하면 오랫동안 꾸준하게 할 수 있을까의 관점에서 접근하는 것도 생각해 볼 만하다. 하나의 일을 오래 하다 보면 개선점을 찾아서 효율성을 제고하게 되어 있고, 어느 순간에는 선순환 구조가 만들어지기 때문이다.

성하는 것을 두려워하면 인적 네트워크가 넓어지지 않으니 마음을 굳게 먹어야 한다.

내가 상대방에게 줄 수 있는 것이 없다고 말하는 사람이 있는데, 신은 우리를 공평하게 만들었기 때문에 잘 찾아보면 무언가 하나는 있다. 그것이 꼭 성장과 관련된 것이 아니더라도, 같이 있는 사람을 즐겁게 해준다거나, 경청을 잘해서 상대방의 마음을 위로하는 것도 인간관계를 유지하는 데는 충분한 능력이다. 좋은 사람을 만나려면 내

잘하던지 해야 한다. 나는 이 부분에서 거의 전패에 가까운 전적을 보이고 있기 때문에 따로 해줄 얘기가 없다.

대신 내가 나누고 싶은 이야기는 미디어에서 다루는 인플루언서의 화려한 모습은 클릭을 유도하기 위해 낚시질을 하는 경우가 대다수라는 것이다. 그리고 인플루언서도 사람들의 부러움을 먹고 사는 사람들이기 때문에 SNS에서 세상 제일 행복하고 좋은 모습만을 보여준다. 그 모습이 진짜일 수도 있겠으나 실제로 이 삶을 살고 있는 직

2023년 10월을 기준으로 블로그의 포스팅이 3000개를 넘었다. 하루에 한 편씩 썼다고 가정할 경우 무려 8년 넘는 기간인 셈이다. 만약 처음부터 내가 3000개의 글을 써서 인플루언서도 되고, 본업에 반영을 해서 회사에서도 성장을 하겠다는 거창한 목표를 세웠다면 아마도 이루지 못했을 것이다. 그냥 하루에 한 편씩 올리자고 마음을 먹었고, 꾸준히 오래 하자는 생각으로 페이스 조절을 했더니 여기까지 온 것 같다. 앞으로도 지금처럼 몸과 마음을 유지하며 꾸준하게 글을

가 먼저 좋은 사람이 되어야 한다는 사실을 잊지 말자.

이야기를 조금 더 해보면, 다른 사람과 관계를 잘 맺는 것만큼이나 나와 관계를 잘 맺는 것도 중요하다. 나와의 관계가 건강한 사람이 타인과의 관계도 잘 유지할 수 있다. 나는 무엇을 좋아하는가? 무엇을 잘하는가? 무엇을 할 때 기분이 좋아지는가? 어떨 때 스트레스를 받는가? 등에 대한 메타인지가 잘되어 있어야 나의 강점을 돋보이게 하고, 약점을 커버해 줄 수 있는 사람을 알아볼 수 있다. 이것이 선행

장인 인플루언서의 입장에서 봤을 때는 연출되었을 확률이 높다. 그들에게는 그 연출이 일일 뿐이며, 일상이 아니라는 사실을 잊으면 안된다.

'돈으로 행복을 살 수 없다면, 돈이 부족한 것은 아닌지?'라는 말이 있을 정도로 돈은 자본주의 사회를 사는 사람에게는 떼어놓을 수 없는 현실이다. 그래서 사람들은 돈을 벌기 위해서 자신의 몸값을 올리는 이직을 하기도 하고, N캐 활동을 하기도 한다. N캐 활동을 시작한

쓸 생각이다. 앞으로 또 어떤 즐거운 일들이 나를 기다릴지 기대가
된다.

되지 않은 채 다른 사람과의 관계를 위해 기질과 맞지 않는 행동을
하거나, 분수에 어울리지 않는 사치를 하는 것은 스트레스를 줄 뿐
이다.

'내가 이만큼 해줬는데, 저 사람은 왜 나한테 아무것도 안 해주지?'라
는 본전 찾기 식의 생각은 사람이라면 누구나 할 수 있지만, 이런 생
각을 하게 되면 모든 인간관계가 이해타산적으로만 보이게 된다. 모
든 사람이 내가 준 만큼 돌려주지도 않거니와, 나도 다른 사람에게

다면, 본업 수입의 일부를 보충하는 정도로 시작을 해야 하지, 이걸
로 성공해서 본업을 그만둔다는 목적은 현실적이지 않다는 얘기를
다시 한번 하고 싶다.

나도 한번 본업을 그만둘 정도로 벌어보자는 마음을 먹고, 할 일 안
할 일 다 받아서 해봤으나 삶의 즐거움과 건강을 잃었고 결과적으로
는 실패할 수밖에 없었다. 이 과정에서 돈을 위한 N캐 활동의 기대치
를 너무 높이는 것은 현실적이지 않다는 것을 알았다. 그래서 지금은

받은 만큼 돌려주지 못한다. 돌려받을 것을 기대하지 않고 쿨하게 주는 것이 관계를 건강하게 유지하는 법이다.

그런데 또 세상이 참 재미있다. 오히려 이런 쿨한 나의 모습에 반해 새로운 관계가 만들어지기도 하니까 말이다.

본업 수입에 N캐 수입을 더해서 투자 공부를 열심히 하는 중이다.

이 일을 시작할 때의 마음가짐을 한 줄로 설명한다면요? 개인 채널 운영을 시작했을 때의 마음가짐은 회사 일에서 찾을 수 있어요. 2012년은 페이스북, 인스타그램, 블로그 등 모든 SNS가 초기 단계라 회사에서도 운영 경험이 있는 사람이 없었어요. 대행사마저 경험이 없어서 같이 Trial&Error를 해야 하는 상황이었죠. 그래서 개인 채널 운영은 회사 일을 잘하기 위해서 시작했고, 회사에서 실패하는 것보다는 내 채널에서 실패하고 배운 점을 회사 일에 써먹어야겠다는 생각도 있었어요.

처음 보는 사람에게 본인의 직업을 어떻게 소개하세요? 직업인으로 소개할 때는 몸담은 조직과 직책을 같이 얘기합니다. 주로 기존 레퍼런스가 없는 일들을 새롭게 만들어낸다고 설명하는 편이에요. 정말 새로운 일들을 많이 하거든요. 반면 인플루언서로 초대받은 모임에서는 제가 운영하는 채널과 닉네임을 이야기합니다. 주로 다루는 콘텐츠는 팝업스토어, 플래그십스토어, 전시, F&B, 여행이라고 말하고요. 이 부분은 다른 분들과 비슷할 것 같네요.

일을 시작할 때 돈에 대한 불안은 없었나요? 돈에 대한 불안은 일을 시작해도, 일이 끝나도 계속될 것 같습니다. 지금도 그 고민은 여전히 진행 중인데 해소할 수 있는 방법이 있을 것 같지는 않아요. 그저 묵묵히 자신의 자리에서 열심히 일하고 다양한 경험을 하면서 파이프라인을 늘려야 할 것 같습니다.

이 일의 어떤 점이 가장 재밌나요? 가장 큰 원동력은 무엇인가요? 개인 채널을 운영할 때의 즐거움은 시간이 지남에 따라 변하는 것 같습니다. 처음에는 윗사람의 간섭 없이 오롯이 100퍼센트 나의 의지로 의사결정을 할 수 있다는 자율성이 좋았습니다. 기획도 실행도 책임도 내가 지는 거니까요. 지금처럼 일이 손에 잡히는 상황에서는 꾸준하게 뭔가를 한다는 성취감, 개인 콘텐츠를 만들면서 생긴 다양한 기회가 또 어떻게 이어질까에 대한 기대감, 제가 좋아하는 사진을 찍을 수 있다는 만족감이 원동력입니다.

협업하는 사람(클라이언트, 파트너사 등)을 대하는 나만의 원칙 혹은 태도가 있을까요? 일의 성과를 내는 것도 중요하지만 그 과정에서 사람의 마음이 다치지 않아야 한다고 생각합니다. 상대방이 하는 말이 상대방의 생각이 아닐 수도 있거든요. 상사가 시켜서 어쩔 수 없이 총대를 메고 올 수도 있으니까요. 그래서 대화를 할 때 상대방이 말하는 메시지의 출처가 본인인지, 상사인지, 아니면 외부 환경인지를 물어보는 편입니다. 그리고 우리와 일을 하는 것이 매출과 수익 외에도 새로운 도전과 레퍼런스가 되게 노

돈의 목표치가 있다면 얼마인가요? 딱히 돈의 목표치가 있지는 않습니다. 돈이라는 게 목표를 달성하면 또 새로운 목표가 생기기 때문이지요. 결국 특정 액수가 목표가 될 수는 없다는 게 저의 생각입니다. 그래도 목표치를 정해보자면 아침에 운동하고 사진을 찍고 글을 쓸 수 있을 정도의 꾸준한 월 소득이 발생하면 좋겠습니다.

이 일이 앞으로 어떻게 뻗어나갈 것 같으세요? 이후의 계획이나 목표가 있다면요? 미디어가 발달하면서 개인 미디어 시장도 당연히 커질 것입니다. 다만 개인 채널만을 운영하기보다는 이 채널을 가운데에 두고 어떤 방향으로 확장할 수 있는지가 중요해질 것 같습니다. 저만 해도 마케팅 책을 쓰기도 했고, 브랜드와 협업하여 콘텐츠를 만들기도 했고, 패션 브랜드의 룩북 촬영을 하기도 했으니까요. 이 모든 일은 먼저 제안을 받아 진행하게 되었는데요. 처음에는 제가 이 일을 해도 될까 싶었는데 막상 해보니까 결과

력합니다. 조직이 끊임없이 성장하기 위해서는 과거에 했던 일만 해서는 안 되니까요.

자신만이 가진 브랜드 경쟁력은 무엇인가요? 사람들에게 어떤 인상으로 각인되고 싶으세요? 저라는 개인을 브랜드로 본다면 회사의 본캐와 다양한 부캐를 균형감 있게 운영하는 사람. 1일 1포스팅을 꾸준하게 하는 사람. 새로운 시도를 두려워하지 않고 즐기는 사람. 선한 영향력을 베푸는 사람으로 각인되고 싶습니다. 쓰고 보니 상당히 욕심쟁이네요.

도 잘 나오더라고요. 앞으로도 다양한 분야에서 경험을 쌓고 도전하며 좋
은 결과를 만들어내고 싶습니다.

롤 모델이 있다면 누구인가요? 그 사람이 형기님에게 특별한 이유는요?
특별한 롤 모델이 있는 편은 아닌데요. 그래도 한 분 뽑아야 한다면 블로거
'나의 시선' 님 같은 인플루언서가 되고 싶습니다. '나의 시선' 님 블로그
소개 글에는 '항상 즐거움을 꿈꾸는 나'라고 적혀 있는데요. 이 말처럼 인
생을 즐겁게 살고 계시는 것 같아요 누구보다 빠르게 신제품을 경험하고,
높은 감도의 사진을 찍고, 재치 있는 글로 표현을 하시거든요.

저는 좋은 안목으로
가치 있는 물건을
셀렉트하는 일을 하고,
주로 본인의 삶
전반에 프로페셔널한
사람들을 만나며,
한 달에 좋은 사람들을
여유롭게 만날 수
있을 만큼 벌고 있는
이연수입니다.

내가 일을 통해 얻은
세 가지

평균의 나를 찾아서

돈은 써봐야
쓸 수 있다

화병 '참되고 쓸모 있는 사람이 되어라.' 우리 집의 가훈은 워커홀릭이었던 엄마가 정했다. 초등학교 6학년이 되자 엄마는 나를 어느 여대 정문에 세워두고 사진을 찍어주었다. "너는 이 학교를 가면 된다." 그곳을 못 가게 되는 옵션은 내 선택지에 없었다. 대학 내내 방학마다 인턴십을 했고, 칼졸업으로 일찍 사회에 나와서 다들 부러워할 글로벌 명품 지사에 들어갔다. 그냥 덜컥 들어가게 된 건 아니다. 지금은 상상도 못 할 일이지만 '무급'으로 백화점 명품 매장에서

나의 직업을 한마디로 정의하자면 '바이어(Buyer)' 즉, 상품을 매입하는 사람이다. 얼마나 다양하고 많은 제안서와 연락이 오는지 그리고 매일같이 거절해야 하는지 알면 마음이 약한 사람은 이 일을 하기도 전에 포기하고 싶어질 거다. 특히 보통은 바잉 품목이 제한되어 있는 데 반해 내 경우는 범주가 너무 넓다. 국내에 국한된 것도 아니라서 한번 이메일이나 전화번호가 넘어가면 전 세계에서 새로운 브랜드들이 본인들을 알리기 위해 연락이 온다. 이메일은 안 읽는 게

사실 가장 자신 없는 게 돈 이야기다. 왜인고 하면 소비에 대해서 말하는 건 누구보다 잘할 수 있지만 벌이에 대한 이야기에는 관심이 없어서다. 그러니 그냥 소비에 대한 이야기를 해보려고 한다. 금수저, 은수저를 물고 태어나지는 않았지만 보수적인 가정에서 근검절약 수저를 물고 태어나 유소년기를 보내다가 대학 졸업 후 어떤 업종보다 보이는 것에 예민한 필드에서 일하게 된 나는, 안타깝게도 돈을 어떻게 써야 하는지 잘 몰랐다. (사실 아직도 잘 쓴다고는 말할 수 없

3개월을 근무했다. 정말 한 푼도 받지 않았다. 나는 최고의 경험을 원했고, 회사는 좋은 노동력을 필요로 했다. 내 성향과 맞았던 판매 일은 자연스럽게 내 쓸모를 증명해 줬다. 처음 들어간 VMD(Visual Merchandise)팀에서는 상품과 고객의 가장 접점에서 소비자의 심리를 이용하여 아름답고 전략적으로 특정 상품의 매출이 잘 나오도록 가꾸는 일을 했다. 업무 특성상 남들이 퇴근하는 시간에 작업하는 일이 잦았다. 매일이 야근이었지만 회사에서의 내 모습이 좋았다. 몇

가능하지만, 1년에 네 번 이상 가야 하는 패션위크에서는 2주 정도 전 세계 브랜드의 세일즈디렉터를 만나 인사를 하고 신상품을 소개받고 이야기를 나누어야 하고, 출장을 한번 다녀오면 최소 이틀 정도는 인간 지성체를 만나고 싶은 생각이 들지 않을 정도로 대인 기피에 시달리곤 한다. 사실 '콜 포비아'도 그렇게 생겼다. 모르는 번호도 혹시 나를 필요로 하는 전화일까 봐 전부 받다 보니 임계점을 넘어버렸고, 지금은 전화와 메신저 모두 무음으로 설정해 두었다. 하지만 웃

다.) 벌이의 거의 대부분을 사라지는 것에만 썼다. 물론 명품업계에서 근무했기 때문에 보고, 듣고, 만지는 모든 것이 명품이었고, 저연차 시절부터 명품들을 누구보다 많이 담당하면서 한 시즌에 수십억이 넘는 바잉을 계속하다 보니 안목과 식견이 빠르게 성장할 수 있었다. 하지만 다시 생각해 봐도 타임머신을 타고 돌아간다면 땅을 치고 후회할 것들을 많이도 샀다.

하지만 나는 피땀 흘려 번 돈으로 사지 않으면 절대 경험하지 못하는

년 되지 않아 모든 팀에서 나를 찾았고 내 이름을 알게 되었다. 조직
에서의 내 위치도 안정을 찾았다. 일이 쉬워졌다고 느껴졌을 때 새로
운 도전이 왔다. Shoes MD(Merchandiser)팀으로 옮기게 되었다. 팀
을 옮기는 것은 쉬운 일이 아니었지만, 사실 더 원하던 일이었다. 원
하는 일이 주어졌으니 더 열심히 했다. 그런데 1년쯤 지나자 큰 번아
웃이 왔다. 열이 나가는 출구가 막혀 피부가 부어오르고 두피가 수포
로 가득 찼다. 자리에 앉아 일을 시작하면 등 뒤에서 뜨거운 열이 머

프게도 어느새 전파를 인지하는 능력이 생겨 무음에도 1초 안에 반
응하는 조건반사 능력자가 되었다.

사실 나는 급진적인 대문자 T 성향이기 때문에 인간관계에 많이 인
색하다. 아무에게나 마음을 열지 않는다. 아무에게나 내 물렁한 자아
를 보여주고 싶지 않다. 이런 성향은 이 업을 하면서 점점 더 단단하
게 굳어졌는데, 사람에 대한 스탠더드가 높고, 그 스탠더드는 주로
타인에게 피해를 끼치는가가 중점적인 요소다. 30대 중반이 되고, 스

것들이 세상에 존재한다고 믿는다. 그 경험이 낭비가 될 수도 있고 혹
자는 그럴 거면 애초에 안 하는 게 나았을 거라고 말할 수도 있지만,
인생에서 쓸모없는 소비 경험은 없다고 생각한다. 돈은 써봐야 돈 쓰
는 법을 배울 수 있다. 나는 경험의 완성은 소비라고 생각하는 주의다.
어떤 공간에 가서 충분히 만족할 만한 경험과 서비스를 받았다면, 반
드시 '사는 경험'까지 하고 나와야 직성이 풀린다. 그래야 소비를 통한
오퍼레이션의 최종점 그리고 제품의 사용까지도 경험할 수 있기 때문

리로 몰리는 게 느껴졌다. 퇴근하고 집에 돌아가 옷을 벗으면 바지의 시접이 모두 그 모양 그대로 부어올라 있었다. 겨우 스물여섯에 '화병'에 걸린 거였다.

약쟁이 화병에 걸리고 나서 한의원이며, 8체질, 종합병원을 다 다녔지만 쉽게 나을 기미가 보이지 않았다. 아끼던 첫 회사였지만 눈 딱 감고 그만뒀다. 그만두자마자 거짓말처럼 화병이 사라졌다. 병의 원인은 명확했다. 새로 옮기게 된 회사는 대기업이었다. 하필 입사

스로의 성향을 인정할 수 있을 만큼 내 위치가 공고해지자, 난 결국 모든 사람에게 좋은 사람이 될 수 없다는 것과 나에게 스트레스를 주는 사람, 나의 기질을 이해하지 못하는 사람을 가까이 둔다는 것이 얼마나 자연스럽지 않은 일인가를 조금은 알게 되었다.

몇 년 전쯤 어떤 페이스북 글에서 내 주변 다섯 명의 평균이 나라는 글을 읽고서 입을 다물지 못할 만큼 큰 충격에 빠진 적이 있다. 그 뒤로 머릿속에 늘 유유상종이라는 단어를 떠올리게 됐다. 주변 사람이

이다. 제품의 실질적 사용자가 되어야만 그 경험은 완성된다. 내 벌이가 100만 원이라고 가정했을 때 하루에 100만 원짜리 호텔에서 묵는 건 사치일까, 아니면 또 다른 세계의 경험일까? 난 일찍이 이런 머리 아픈 모험을 택했을 뿐이다. 나는 내게 주어진 시간 속에서 내 주머니 속 돈으로 할 수 있었던 모든 경험을 다 샀던 것 같다. 그리고 그 선택이 옳았다고 자신한다. 경험에서 얻은 인사이트와 영감은 분명히 내가 하는 모든 일과 사소한 면면의 감도를 높여주었다.

하게 된 팀이 가장 상위 조직의 오더를 받는 팀이었다. 복사 용지 사이즈와 폰트의 색, 스테이플러의 방향까지 다 규칙이 있었고, 선배의 테이블을 청소하고 쓰레기통을 비우고, 혼나고, 또 혼나면서 잡초처럼 버텼다. 어느새 운동화를 신고 주말에 출근하는 일이 잦아졌다. 워라밸 같은 단어는 존재하지 않던 시절이었다.

의식주 중에서도 패션은 지독하다. 그 지독함이 어디서 오는지 15년 정도 일해보니 알 것 같다. 패션만큼 치열하고 속도감 있는 필드도

라는 건 물 같아서 고여 있을 수도 있지만, 또 상황에 따라 흐르듯 유연하기도 하다. 다섯 명을 꼽는 것도 아주 어려운 일이지만, 그 사람들의 평균치가 나라는 건 정말 무서운 말이다. 주관적인 시선으로는 절대 할 수 없는 일이다. 자신에 대한 어마어마한 메타인지가 있는 사람이라도 틀릴 수 있다. 누가 봐도 보는 사람의 위치에 따라, 아는 정도에 따라 다를 수 있다. 하지만 그 평균치를 높이는 일은 스스로 할 수 있다고 생각한다. 내 포지션이 변화하면 되는 일이다. 사람

해외 출장을 많이 가게 되는 직업이다 보니 비행시간이 길거나 해외에 오래 머물러야 하는 여행을 되도록 피하려 하는데, 아이러니하게도 내가 지금껏 썼던 가장 통 큰 소비는 주로 해외여행에서 발생했다. 새로운 환경이 선사하는 약간의 들뜬 마음은 지갑을 쉽게 여는 조건이기도 하니까. 파트너 없이 혼자 하는 여행이어도, 도시를 구경하느라 숙박 시간이 짧다고 해도 그 도시에서 가장 좋은 호텔에 머물러본다. 하룻밤 머무는 곳에서 누릴 수 있는 호사와 가장 융숭한 대

없다. 누구보다 빠르게 알아야 하고, 누구보다 먼저 경험해야 한다. 알아내고 경험한 것은 어떻게든 이용해야 한다. 1년을 두 계절로 나누고, 두 계절을 다시 봄, 여름, 가을, 겨울 네 개의 시즌으로 나누고, 시즌을 다시 대륙으로 나눈 패션위크의 수만큼 출장을 다녔다. 출장은 짧게는 3일, 길게는 3주까지 패션위크가 열리는 도시를 돌며 진행되었다. 브랜드가 많을수록 오더가 많아지고 모든 오더는 마감이라는 게 존재해서 출장 기간 동안은 3D, 즉 못 먹고, 못 자고, 못 쉬었

은 결코 혼자 살 수 없고 무리를 짓기 마련이다. 그렇다면 내 포지션은 평균 5명의 인간관계 속에서 어떤 포지션이어야 하는가. 거울을 바라보듯 나 자신을 정면으로 마주하자면 난 늘 예민하고 꽤 날이 서 있는 편이다. 거울보다도 깊이 내면을 향하자면 그 저변에 있는 보잘것없는 초라한 모습이 보인다. 아직도 여유를 갖기에는 인생을 너무 덜 살아온, 앞으로 갈 길이 먼 미숙한 자아. 하지만 이제 와서 한참 남은 길을 걷는 걸 포기하기에는 행복한 삶에 대한 책임감이 꿈틀댄다.

접을 받아본다. 일본이라면 고객을 모시는 오모테나시의 정수를 느껴보고, 덴마크라면 조식으로 차려지는 데니시 브레드의 정수를 느껴본다.

내가 번 돈으로 투자한 내 취미 활동은 결국 내 자양분이 되고, 나의 네트워크가 되었다. 내가 돈을 주고 샀던 경험들은 내 인생의 한 장면 한 장면을 이루었다. 그리고 그 장면들로 내 인생은 확실히 다채로워졌다. 나는 오늘도 무언가를 샀다. 그리고 인생의 소중한 경험도

다. 사람의 몸이 계속 긴장을 하다 보면 어떻게 해서든 살아남게는 되지만 실상 그 속은 반송장이 되어 썩어가는 거나 다름없다. 쇼룸에서는 서서 눈 뜨고 졸기도 하고, 화장실 가는 시간이 아까워 탈수가 되도록 에스프레소만 수 잔을 마셨다. 피로를 풀기 위해 몸에 좋다는 수많은 약을 사 모으기 시작했다. 처음에는 비타민을 종류별로 샀고, 버텨야 하니 홍삼이나 항산화제를, 비행기를 오래 타니 혈액순환에 좋은 것을 먹었다. 소화는 당연히 안 되니 소화제를 종류별로 구비해

살아가야 할 인생이 앞으로 수억만 리고, 만나야 할 사람도 앞으로 수없이 많다. 스스로의 격을 높이는 행위에 대해 최소한 고민이라도 하자고, 대접은 스스로 받는 것이라는 걸 명심하자고, 늘 다짐한다.

함께 샀다.

놓고 먹었다. 그런데도 일교차가 심한 나라에서는 늘 목감기를 달고 살았고, 못 먹고 못 자니 면역력이 바닥이 되어 매번 편도가 부었다. 그러다 어느 순간 시차의 늪에 빠져들어 불면증을 오래 앓았다. 잠이 안 오니 다시 신경안정제, 멜라토닌, 마그네슘 용량은 점점 늘어만 갔고, 편두통은 날로 심해져 MRI부터 수면 검사까지 받았다. 하지만 원인도 찾을 수 없었다. 한국인이 모두 갖고 있는 비타민 D 부족은 결핍 수준으로 떨어져 세 달에 한 번씩 주사를 맞아야 하는 지경에

이르렀다.

패션의 완성은 반려병 요즘은 생활 수준의 향상과 의식 수준의 변화로 콘셉트가 다양해지면서, 애슬레저, 고프고어같이 운동과 관련된 트렌드가 많이 나오고 있지만, 사실 패션은 어느 정도 병약하고 빈약한 몸매가 따라주어야 옷발이 잘 받는다. 나만 해도 패션이라는 걸 15년째 업으로 삼으면서 몸에 걸치는 패션과는 달리 실제 몸은 계속해서 망가지고 있으니 참 아이러니하다. 그럼에도 불구하고 이 일을 계속하는 내 모습을 보면 조금 상투적이지만 중독성이 있다고 표현하고 싶다. 이렇게까지 새로운 것을 열망하는 업은 많지 않다. 그리고 이렇게 짧은 순간을 위해 많은 사람들이 속도감 있게 몰입하고 또 열광하는 사례도 거의 없다. 어쩌면 나는 매번 새로운 자극이 선사하는 도파민 자극에 중독되는 바람에, 이 일을 계속하는 것인지도 모른다. 새 자극은 내 오감 전체를 이용해서 수집된다. 새로운 브랜드를 찾아내는 일, 새로운 사람을 만나는 일, 새로운 물건을 사는 일,

새로운 팝업을 기획하는 일, 모두 인간의 욕망을 자극하고 쾌락감과 성취를 선사하는 일이다. 물론 나이가 들면서 새로운 반려병도 잔뜩 생겼다. 그리고 새 약들을 칵테일로 제조해서 먹는 방법도 터득했다. 반쯤 농담이지만 알약을 입에 털어 넣을 때마다 믿어본다. 내가 열심히 일하는 동안 제약계의 친구들도 열심히 연구해서 더 좋은 약을 만들어주지 않을까! 하고.

이 일을 시작할 때의 마음가짐을 한 줄로 설명한다면요? 내가 꿈꿔왔던 길의 방향으로 가고 있다. 무조건 성공하자.

처음 보는 사람에게 본인의 직업을 어떻게 소개하세요? '대기업에 다니는 일개 회사원'이라고 소개합니다. 보통은 제가 하고 있는 일을 이해하지 못하는 경우가 많고, 제가 일하는 곳이 본인들의 필드가 아닌 경우 그것만으로 위화감을 줄 수 있다고 생각합니다. 그리고 무엇보다 정말 회사원일 뿐이니 회사원이라고 소개합니다.

일을 시작할 때 돈에 대한 불안은 없었나요? 좋아하는 일을 하는 것만으로도 50퍼센트는 만족하고 살기 때문에 돈에 대해 크게 생각하는 편은 아니었습니다. 하지만 회사원으로서 직급이 높아질수록 시장에서 객관적인 나의 가치는 돈(연봉)으로 매겨진다는 생각을 종종 하게 됩니다.

이 일의 어떤 점이 가장 재밌나요? 가장 큰 원동력은 무엇인가요? 내가 바라던 일을 도장 깨기 하듯 성취하는 것이 가장 재미있고, 가장 큰 원동력입니다.

협업하는 사람(클라이언트, 파트너사 등)을 대하는 나만의 원칙 혹은 태도가 있을까요? 내가 얻는다면, 상대방도 얻을 수 있어야 협업이라고 생각합니다. '사람 대 사람으로 양쪽 모두 좋은 결과를 얻을 수 있는 협업을 한다'가 가장 중요한 원칙입니다.

돈의 목표치가 있다면 얼마인가요? 하고 싶은 것을 하고 싶은 시간에 할 수 있는 여유가 생길 정도로 벌고 싶습니다.

이 일이 앞으로 어떻게 뻗어나갈 것 같으세요? 이후의 계획이나 목표가 있다면요? AI 기술이 발전한다고 해도 좋은 안목을 갖춘 바이어가 양품의 현재와 미래를 바라보고 선별하는 일은 대체할 수 없습니다. 그래서 기술이 발전하고 소비자의 취향이 다양해질수록 좋은 감도와 경험을 가진 바이어의 역할이 더 중요해질 것 같습니다.

롤 모델이 있다면 누구인가요? 그 사람이 연수 님에게 특별한 이유는요? 특정 인물을 롤 모델로 삼지 않은 지 꽤 되었습니다. 부족함을 느낄 때마다 롤 모델이 바뀌고는 하지만, 최근에는 본인의 감정 컨트롤을 잘하고 모든 상황에 차분하고 우아하게 대응하는 사람들이 특별해 보입니다.

자신만이 가진 브랜드 경쟁력은 무엇인가요? 사람들에게 어떤 인상으로 각인되고 싶으세요? '이 친구랑 같이 일하면 되겠다, 해볼 만하겠다'라는 인상으로 각인되었으면 합니다.

저는 플레이크라는
크리에이티브
스튜디오를 운영하고
있고, 주로 브랜드
아이덴티티나
경험디자인 업무와
관련된 다양한
사람들을 만나며,
한 달에 적당히 벌고
싶은 최기웅입니다.

지금은 직업이 아닌 '업'의 시대

여행의 목적

당신의 가치는 얼마인가요?

회사를 다닐 때도 마찬가지였지만, 회사를 나온 지금도 나를 소개할 때면 뭐라고 설명해야 할지 고민이다. 내가 하고 있는 대부분의 일이 '디자인'이라고 불리지만 사실 그것은 내 일의 일부라서 단순히 디자이너라고 한정 지어 내 일을 소개하기엔 늘 아쉽다.

나는 꽤 많은 직장을 경험했다. 늘 영역에 국한되지 않는 새로운 프로젝트, 즐겁게 할 수 있는 일에 도전했고, 아직도 새로운 것을 만드는 것에 갈증을 느끼고 있다.

누군가와 같이 일한다는 것은 낯선 장소를 함께 여행하는 것과 비슷하다. 사람마다 각자 여행을 하는 이유, 목적, 스타일이 다르다. 아름다운 휴양지를 선호하는 사람이 있는가 하면 복잡한 도시에서 새로운 경험을 하는 걸 좋아하는 사람도 있다. 그렇기 때문에 다른 누군가와 여행을 하기로 결심하는 것은 굉장히 어려운 일이다. 여행의 일정을 짜는 것, 밥 먹을 식당을 찾고 메뉴를 고르는 것, 가고 싶은 장소를 고르거나 쇼핑을 하는 것 모두 개인적이고 주관적인 취향의 영역

그동안 많은 프로젝트를 진행하면서 한 번도 일의 목적이 돈에 맞춰진 적이 없었다. 지금도 마찬가지다. 돈은 내 우선순위에서 가장 아래에 있다. 창피한 이야기지만 나는 여전히 돈을 잘 모른다.

회사를 다닐 때도 내가 받는 정확한 급여액을 몰랐다. 돈보다는 지금 나에게 중요한 경험과 그 일들로 인해 만들어낼 가치를 중심으로 일했다. 처음 일했던 곳의 급여는 지금 생각하면 말이 안 될 수준이었다. 하지만 그때 얻었던 경험의 가치는 내가 받은 금액의 수백, 수천

이런 나를 누군가는 특이하게도 보고 때로는 좋지 않은 시선으로 보기도 했다. 회사를 옮길 때마다 많은 걱정과 우려가 담긴 충고를 들었다. 나는 그저 하고 싶은 일을 하며 살기에도 시간이 길지 않다고 생각했다. 새로운 도전에 큰 망설임이 없다 보니 다양한 영역의 프로젝트를 경험할 수 있었고 그 경험을 연결하고 확장해 브랜드 경험디자인이라는 분야에서 남들과 조금은 다른 포지션을 가질 수 있었다. 하지만 다양한 프로젝트를 진행하며 긴 시간 밤낮을 가리지 않고 달

이라 서로 의견이 잘 맞아야 불편함 없이 여행할 수 있다. 그래서 여행을 하는 목적이 다르면 종종 곤욕스러운 상황이 생기기도 한다. 반대로 혼자 여행을 할 때는 스스로 일정을 짜고 동선도 알아서 결정하면 된다. 계획적이어도 좋고, 즉흥적이어도 좋다. 그때그때 내가 원하는 대로 모든 것을 바꿀 수도 있다. 하지만 누군가와 함께라면 길을 잘못 들어 짧은 거리를 돌아가야 하는 사소한 사건에도 눈치를 보게 된다. 혼자일 때는 실수가 아닌 상황도 함께일 때는 실수가 되어

배 이상으로 컸다. 나는 아직도 그때의 경험을 기반으로 일하고 있다. 당시에는 혼자 생활하기에 무리가 없는 수준의 급여라면 괜찮다고 생각했고 일에 집중하느라 돈을 쓸 곳도 많지 않았다. 가치를 중심으로 열심히 일하다 보니 시간이 지나면서 자연스럽게 연봉이 늘었고 퇴사를 결심했을 때는 어느새 꽤 높은 수준의 급여를 받고 있었다.

높은 연봉을 포기하고 독립해 작은 디자인 회사를 만들고 운영하면

리다 보니, 어느 순간 몸에 이상 신호가 찾아왔다. 예고 없이 찾아온 큰 병이었고 수면 부족과 스트레스가 원인이었다. 몇 차례 큰 수술 끝에 내가 느낀 것은, '당장 내일 내가 이 세상에서 없어져도 전혀 이상하지 않겠구나'라는 생각이었다. 그러고는 예전엔 느껴보지 못했던 허무함을 느꼈다. 치열하게 매일 고민했던 생각, 과정, 결과들이 그냥 사라져 버릴 수도 있다는 것이 안타까웠다. 뒤를 돌아보니 정작 진짜 내가 만들었다고 자신 있게 말할 수 있는 프로젝트가 없었고, 진짜 내

버리고, 때로는 그것에 대한 책임도 따른다. 같이 일하는 것도 마찬가지다. 업무 능력이 뛰어나더라도 조직이 추구하는 목적과 방향이 다른 동료와는 함께 일하기가 어렵다.

여행의 목적이 다르듯, 일을 하는 목적도 사람마다 다르다. 누군가는 돈을 위해서 일하고, 다른 누구는 개인의 명예나 경험을 위해서 일한다. 규모가 작은 회사는 조직의 성향을 파악하는 것이 큰 기업에 비해 상대적으로 쉽다. 애정과 관심이 있다면 어떤 목표를 가지고 회사

서도 프로젝트를 선택하는 기준은 여전히 가치와 의미에 있었다. 이일이 나에게 어떤 의미가 있고, 사회적으로 어떤 가치가 있는지가 중요했다. 어차피 한정된 시간과 노력을 투자해야 한다면 그편이 효율적이라고 생각했다. 그렇기 때문에 비슷한 업무 범위의 일이라도 같은 금액으로 견적을 낼 수 없었다. 같은 일을 하더라도 우리에게 돌아올 가치나 사회적인 영향력 등을 따져가면서 돈을 받았다.

그렇기 때문에 업무 연락이 오면 쉽게 대응하기 어려웠다. 대부분의

가 하고 싶었던 일들은 정작 시작도 못 하고 있었다는 생각이 들었다. 갑자기 찾아온 병 덕분에 병원을 오가며 남의 시선이 아닌 내 안의 소리들에 조금 더 집중할 수 있었다. 지금까지는 회사가 원하는 사람으로 살았다면 앞으로는 나의 모습을 인정하고 사랑하며 일하고 싶은 마음이 들었다. 그렇게 살아도 괜찮을 것 같았다. 그래서 잘 다니고 있던 회사를 퇴사하고 플레이크라는 작은 스튜디오를 창업했다. 나는 스튜디오를 운영하며 동시에 스타트업에 크리에이티브디렉터

를 운영하는지를 어렵지 않게 알 수 있다. 하지만 회사 규모가 커질수록 다양한 목적과 목표, 여러 이해관계가 얽히게 된다. 회사의 미션과 비전의 날카로움은 사라지고 나와 우리 팀이 중요하게 생각하는 가치를 다른 직원, 다른 팀에서는 중요하지 않게 생각하는 경우들이 많아진다. 이런 입장 차이들이 크고 작은 문제를 만든다. 그래서 새로운 동료와 일을 진행하거나, 새로운 팀에 합류할 경우에는 목적과 방향에 관한 설정이 맞아야 한다. 사소한 사건 하나에도 문제가

클라이언트는 상품을 구매하듯 로고 디자인 하나에 얼마, 포스터 디자인 한 건에 얼마 하는 식으로 가격을 알려주길 바랐다. 나는 일의 맥락과 성격, 이것으로 만들어지는 가치가 중요했기 때문에, 조금은 더 많은 이야기들이 오간 뒤에야 적당한 비용을 제시할 수 있었다. 그러다 보니 시세에 비해 터무니없이 낮은 금액으로 프로젝트를 진행하는 경우가 오히려 더 많았다.
사실 혼자 일할 때는 고정 운영비가 크지 않아서 작업 비용이 적어도

로 출근하기도 하고, 신규 브랜드의 방향성을 컨설팅하기도 하고, 기업과 브랜드가 가진 문제를 해결하기 위한 워크숍을 진행하기도 한다. 그리고 내가 진짜 좋아하는 것들을 모아서 자체 브랜드를 만들어 운영하고 있다. 꾸준히 글을 쓰고 가끔 필요한 곳이 있다면 강연을 하기도 한다. 내가 대단한 영향력이 있는 사람은 아니지만, 경험디자이너로서 내가 생각하는 다양한 방식의 디자인들을 작은 프로젝트와 작은 행동들로 몇몇 사람에게라도 보여주고 같이 공감할 수 있게 만

발생할 수 있고, 왜 이것을 해야 하고 하면 안 되는지에 관한 이유를 매번 들어가며 설득해야 할 수도 있다.

우리는 살면서 수많은 장소를 가고, 수많은 사람들과 만나고 헤어진다. 여행을 하며 접한 대부분의 현지인들은 이방인에게 더 친절했다. 다시 만나기 어렵고 서로 얽히고설키는 스토리가 없으니 헤어질 때도 아름답고 깔끔했다. 때로는 그것이 여행의 기억을 좋게 만들어 준다.

크게 문제가 되진 않았다. 하지만 함께하는 동료들이 생기고 회사 규모가 커지면서 돈에 관한 생각이 조금씩 바뀌었다. 내가 가치 있다고 생각되는 일, 내가 좋아하는 사람들과 즐겁게 만들 수 있는 프로젝트라면 적은 예산이어도 할 수 있다는 것 자체로 좋았지만, 문득 이것들이 내가 속한 디자인 생태계와 환경에 좋지 않은 영향을 줄 수도 있겠다는 생각이 들었다.

한번은 일을 하다가 계약 기간이 지난 이후에 추가 수정이 생긴 적이

드는 것이 내가 여러 활동을 하고 새로운 것에 도전하는 큰 이유다.
이렇게 많고 다양한 일을 어떻게 다 할 수 있냐는 질문을 받곤 한다.
카카오 김범수 의장은 "평생 직업 하나로 살아가는 시대가 끝나가고
있다. 이제는 직업이 아닌 업의 시대다"라며 넓은 의미에서 평생 해
야 하는 일을 찾아야 한다고 강조했다. 의사가 아니라 병을 치료하는
일을 해야 한다는 것이다. 꼭 의사가 되지 않아도 아픈 사람을 돕는
일은 많으니까. 마찬가지로 나도 단순히 디자이너, 플랜트숍 사장님,

직장에서도 만남과 헤어짐은 반복된다. 일을 하면서 몇몇 이해관계
가 얽히며 사이가 틀어지기도 하고, 퇴사를 해서 이별을 하기도 한
다. 가끔 방문했던 여행지와 그곳에서 만났던 사람들이 생각날 때가
있는 것처럼 같이 일했던 동료들이 떠오를 때가 있다. 상황과 입장의
차이로, 일의 취향과 목적의 차이로 갈등이 있었던 사람들도 있지만
시간이 지난 지금 그들의 상황과 입장이 되어보면 이해가 되는 부분
이 많다.

있었다. 담당자가 추가 비용 견적서를 보내달라고 했지만 아주 작은
수정이라 그냥 돈을 받지 않고 진행하겠다고 했다. 몇십 분이면 고칠
수 있는 정말 소소한 수정이었다. 그런데 담당자는 그렇게 되면 자기
도 곤란해질 수 있고 이후 다른 업체들도 무료로 수정을 해야 하는
안 좋은 사례가 될 수 있다며 적은 금액이라도 받는 것이 맞다고 충
고했다. 좋은 마음이 항상 좋은 결과가 되지 않을 수도 있다는 사실
에 머리를 한 대 맞은 느낌이었다.

강사 등 다양한 직업을 가진 사람이 아니다. 나는 경험을 설계하는 일을 한다. 물론 여전히 불안하고, 회사를 다녔던 것보다 아주 많이 힘들다. 마음먹은 대로 되지 않는 일이 태반이고 매일매일 성공과 실패를 오가며 치열하게 성장하며 배우고 있다. 계획했던 일들도 매번 마음먹은 대로 되지 않아 최근에는 아예 계획 자체를 세우지 않는다. 하지만 지금 아무리 힘들고 어려워도, 언제나 제일 어려웠던 일은 새로운 시작을 결정하고 도전하는 일이었다. 내가 뭘 원하고 뭘 하고 싶

나는 회사를 그만두고 작은 스튜디오를 창업했다. 창업 당시에는 혼자서 할 수 있는 일을 조금씩 천천히 하자는 생각이었지만, 지금은 뜻이 맞는 동료들이 하나둘씩 모여 작지만 단단한 팀이 꾸려졌다. 나름대로 왁자지껄 즐겁게 여행하고 있다고 생각하지만, 지금의 동료들도 언젠가 시간이 흘러 자연스럽게 이별을 하게 될 것이다. 각자가 처한 상황도 변할 것이고 가치관이나 생각들도 나이를 먹어가며 많이 바뀔 것이다. 어쩔 수 없는 헤어짐이라면 처음 만났을 때처럼 헤

지금도 여전히 돈보다는 프로젝트가 만드는 가치를 중심으로 일을 하지만 역설적으로 그 가치를 만들고 유지하기 위해서는 돈이 필요하다는 생각을 동시에 하고 있다. 그리고 함께하는 동료들에게 더 나은 환경을 제공하기 위해서도 돈이 꼭 필요하다는 것도 잘 알고 있다.

물론 나는 돈이 여전히 어렵다. 하지만 팀과 일 그리고 돈의 가치를 함께 고려할 수 있도록 한 발 한 발 노력할 것이다.

은지는 주변 사람들이 아니라 나만 알고 있다. 그리고 정답은 정해져 있다. 그건 바로 자기다움을 잃지 않고 마음의 소리에 귀를 기울이며 현재 상황에 맞게 내가 하고 싶은 것을 즐거운 마음으로 후회 없이 하는 것이다.

어질 때도 다정하고 아름다웠으면 좋겠다. 그러기 위해서는 아마도 나부터 좋은 리더가 되어야 하겠지만.

이 일을 시작할 때의 마음가짐을 한 줄로 설명한다면요? 지금 당장 그만둬
도 후회가 남지 않을 정도로 하자.

처음 보는 사람에게 본인의 직업을 어떻게 소개하세요? 플레이크라는 디
자인 스튜디오를 운영하고 있다고 소개합니다. 대기업, 스타트업, 1인 브
랜드 등 다양한 규모의 클라이언트와 일을 합니다. IT, 엔터테인먼트, F&B
등 여러 분야에 필요한 여러 가지 형태의 작업물들을 만들고, 크고 작은 문
제들을 디자인으로 해결합니다.

일을 시작할 때 돈에 대한 불안은 없었나요? 일을 시작했을 때는 사회 초
년생이라 돈보다는 경험을 쌓는 것이 중요하다고 생각했어요. 그만큼 좋
은 경험들을 쌓았기 때문에 벌이에 대한 아쉬움은 있었지만 크게 불만은
없었습니다. 돈에 대한 불안은 오히려 그때보다 많은 돈을 벌고 있는 지금
이 더 큰 것 같아요. 이건 시간이 많이 지나도 해소되지 않을 거라고 생각
하고 있어요.

이 일의 어떤 점이 가장 재밌나요? 가장 큰 원동력은 무엇인가요? 제가 하고 있는 일은 겉에서 보기엔 감각의 영역으로만 보일 수도 있지만 개인적으로는 컨설팅과 카운슬링 성격이 강하다고 생각해요. 저는 다른 사람들의 고민과 문제를 들어보고, 그들의 상황에 이입하여 문제를 해결해 줄 수 있다는 점이 가장 보람 있고 재밌습니다. 각자가 가진 생각이 모두 다르기 때문에 이 일은 지루할 틈이 없어요.

협업하는 사람(클라이언트, 파트너사 등)을 대하는 나만의 원칙 혹은 태도가 있을까요? 고정된 나를 지우고, 기존의 관습이나 절차에 얽매이지 않고, 유연한 태도로 클라이언트의 입장에서 고민하는 것입니다. 소통을 할 때는 상대방이 디자인 지식이 전혀 없더라도 이해하기 쉽게 최대한 어려운 단어나 전문용어를 사용하지 않는 것이 저만의 원칙입니다.

돈의 목표치가 있다면 얼마인가요? 딱히 목표를 정해두고 있지 않습니다.

이 일이 앞으로 어떻게 뻗어나갈 것 같으세요? 이후의 계획이나 목표가 있
다면요? 큰 규모의 기업에서 개인까지 디자인과 브랜딩의 중요성을 실감
하는 추세라 이 일의 현황은 좋다고 생각합니다. 하지만 그만큼 경쟁도 심
하고 업의 특성상 누군가 찾아주지 않는다면 바로 힘들어질 수 있기에 미
래는 예측하기 어렵습니다. 그래서 큰 계획이나 거창한 목표를 가지기보
다 하루하루 충실하고 꾸준하게 내가 할 수 있는 일들을 해나가려고 합니
다. 그 과정을 통해 플레이크를 보다 단단하고 균형 있게 만들고 싶습니다.

롤 모델이 있다면 누구인가요? 그 사람이 기웅 님에게 특별한 이유는요?
먼저 이 일을 시작하고 꾸준히 하고 있는 사람들 모두가 제 롤 모델입니다.

자신의 브랜드만이 가진 경쟁력은 무엇인가요? 사람들에게 어떤 인상으
로 각인되고 싶으세요? 플레이크가 가진 경쟁력은 크리에이티브에 경계
와 제한이 없다는 것입니다. 사람들에게 진심을 다하는 브랜드로 각인되
었으면 합니다.

은

사람

돈

저는 '녁'이라는
레스토랑을 운영하고,
주로 안부를 주고받는
손님들을 만나며,
한 달에 1억을 벌고
싶은 박정묵입니다.

삼천포에
빠지셨습니까?

우리는 한배를
타지 않았습니다

돈에도 지지 않고

이사 때문에 본가에 내려가 짐을 정리하다가 옷장 위에서 먼지가 수북이 쌓여 있는 파일철을 발견했습니다. 유물을 조심스럽게 펼쳐보니 초중고 학창 시절 상장들을 모아둔 파일이었어요. '위의 학생은 성실히 등교하였으므로 이 상장을 수여함⋯⋯.' 개근상 이외에 특별한 상은 없었습니다. '위의 학생은 조용하고 교우 관계가 완만하며⋯⋯.' 생활기록부에도 무난한 내용뿐이었죠. 초등학교 6학년 때 2000년도 밀레니엄을 기념하며 만든 책자도 있었습니다. 제일 뒷면에 아이들의

예전부터 동료가 된 사람에게 흔히 꺼내는 얘기가 있습니다. '우리는 한배를 탔다'라는 말입니다. 도착지에 내릴 때까지 공통된 방향과 목표에 설레기도 하지만 어떠한 일이 벌어질지 모르는 불확실한 환경을 함께 헤쳐가며 나아간다는 점에서 많이 사용되는 것 같습니다. 태풍, 빙산, 역병 등 어떠한 난관을 만나더라도 정박할 때까지 내리지 못하는 특수한 환경에서의 끈끈한 동료애를 대변해 주기도 하죠. 하지만 결국 어떠한 난관이 닥치더라도 도중에 하차를 못 한다는 말이

"너 지금 현금 얼마나 있어?"
"갑자기 그건 왜?"
"그거 싹 다 끌어다가 지금 당장 삼성전자를 사. 그리고 1년 동안 가게 문을 닫아. 그러면 직원들 월급은 아마 그냥 나올 거야."
물리학 박사 과정을 밟고 있던 오랜 친구가 갑자기 연락을 해와선 이렇게 말했습니다. 사물의 이치를 연구한다는 녀석이 갑자기 주식을 사라는 허무맹랑한 이야기를 하니 황당했죠. 너무 어려운 공부만 하

장래희망이 적혀 있었는데요. 대통령부터 발명가, 박사, 축구선수, 가수 등 빛나는 꿈이 가득 담겨 있었죠. 저는 친구들의 장래희망을 눈으로 훑으면서 제 이름을 찾았습니다. 사실 저는 제가 뭐라고 적었는지 기억하고 있었습니다. 그 당시 저는 이렇게 적었죠. '평범한 회사원'. 새로운 천년을 맞이하는 시대에 초등학생이 적을 내용은 아니었습니다. (나중에 담임선생님과 면담했던 것도 기억이 나네요.) 평범한 회사원이 되고 싶었던 아이는, 현재 생경함을 전하는 레스토랑 브랜드

기도 합니다. 한마디로 '아 이게 아닌 것 같은데……'라는 생각이 스치더라도 때는 이미 늦었다는 이야기죠. 그래서인지 '이미 우린 한배를 탔어……'는 어쩔 수 없다는 후회의 의미로도 사용되죠. 그래서 저는 동료들에게 이렇게 얘기합니다. "우리는 한배를 탄 게 아닙니다." 지하철, 버스 중 선호하는 대중교통을 고르라고 한다면 저는 단연 버스입니다. 버스에는 지하철에서는 느낄 수 없는 개방감과 자유로움이 있습니다. 저와 결이 더 맞는다고 할까요. 창문 바깥으로 펼쳐지는

다가 질려버려 주식으로 돌아선 건 아닌가 하고 걱정도 되었습니다. 통화를 한 날은, 친구의 생일인 2020년 3월 31일이었고, 그날 삼성전자의 종가는 4만 7750원이었습니다. 그리고 인터넷과 SNS에서는 코로나로 인한 거리 두기에 관한 뉴스가 감염자 수만큼 빠르게 퍼지고 있었습니다.

저는 그때까지 주식, 나아가 돈에 관심이 없었습니다. 돈이란 녀석은 욕심이 많아 시기와 질투를 일삼기 때문에 멀리해야 하는 것으로 인

제온

'넉'을 운영하며 새로운 도전과 마주하고 있습니다. 그사이에 어떤 일이 있었던 걸까요.

"진짜 인생은 삼천포에 있다." 바로 이 한 문장 때문이었습니다. 박민규 작가의 소설《삼미 슈퍼스타즈의 마지막 팬클럽》에서 나온 구절이죠. 야구라는 스포츠를 통해 깊은 사회 통찰을 보여주는 책으로 박민규 작가 특유의 문체가 유연하면서도 힘이 있습니다. 한마디로 멋있다는 말이죠. 처음 읽었을 때 저는 그의 장들을 단숨에 먹어치우듯 읽

사람

도시의 풍경과 걷는 사람들을 보며 그 동네만의 분위기를 느낄 수도 있고, 답답할 땐 창문을 열 수도 있으며, 에어컨 바람의 세기도 조절할 수 있죠. 그리고 원하면 언제든지 'STOP 하차 벨'을 눌러 내릴 수 있습니다. 그래서 시간이 조금 더 걸리더라도 버스로만 갈 수 있는 경로를 먼저 알아보는 편이죠. 저는 동료들에게도 늘 이렇게 얘기합니다. "우리는 한배를 탄 게 아닙니다. 우리는 한 버스를 탔습니다."

가치관이 다양해진 현대사회에서 커리어의 양상은 더욱 입체적으로

데

식해 왔거든요. '돈을 좇지 말고 꿈을 좇아라'와 같은 시류를 타고 있다는 생각에 어깨가 으쓱 올라가기도 했습니다. 실제로 이직할 때도 연봉이 가장 큰 이유가 아니었어요. 동료, 워라밸, 비전, 위치, 복지 등으로 순위를 매기면 연봉은 늘 가장 뒤에 있었죠.

회사의 비전과 방향이 매력적이거나 저의 생각과 가치관을 투영해 회사 내 의사결정에 적극적으로 참여할 수 있다면 저는 연봉의 앞자리가 더 낮은 숫자로 바뀌어도 이직을 했습니다. 그런 저에게 주식을

어 내려갔습니다. 굉장한 몰입이었고 이런 경험은 처음이었습니다. 마치 저 자신을 처음으로 마주하는 기분이 들었달까요. '치기 힘든 공은 치지 않고, 잡기 힘든 공은 잡지 않는 것도 하나의 야구'라는 세상을 향한 도발적인 태도에 눈을 뜬 거죠. 제가 저로 가득 채워지는 아주 기분 좋은 포만감이었습니다. 영화 〈아는 여자〉에서 공을 관중석으로 던져버리는 남자 주인공 동치성처럼, 1루 2루 3루를 지나 홈으로 돌아가지 않고 삼천포로 빠지기 시작했습니다. 컴퓨터공학에서

변모하고 있습니다. 요즘에는 'N잡러'라는 말이 흔할 정도로 자신의 커리어 정체성을 하나로 정의하기 어려워하는 사람들이 늘어나고 있죠. 이런 와중에 배를 태우면 어떡하란 말이죠. 게다가 도중에 내릴 수도 없다니 벌써 뱃멀미에 현기증이 나려고 하네요. 그래서 저는 동료들에게 얘기합니다. "우리는 한배를 탄 게 아니라 한 버스를 탔습니다. 그러니 내리고 싶을 때는 언제든 'STOP 하차 벨'을 누르고 내리면 됩니다."

사라니. 정말 바보 같은 얘기였죠. 저의 의지, 저의 능력과는 전혀 상관없이 위아래로 끊임없이 요동치는 숫자의 소용돌이에 굳이 소모될 필요는 없다고 늘 생각해 왔으니까요.

삼성전자 주식이 4만 7750원이었던 2020년 3월은, 넉이 을지로에 완전히 스며들었던 시기였어요. 매월 최고 매출을 갱신하면서 달려가고 있었고, 가파르게 성장하는 속도에도 익숙해지면서 안정화되고 있었죠. 크게 걱정할 일이 없었습니다. 게다가 위험이 다가오면 대응할 수

광고홍보학과로, 회사원에서 브랜드의 대표로 사회가 정해놓은 궤도
에서 벗어나 계속 저만의 길로 빠져들게 되었죠. 제가 무엇을 좋아하
는지 분명히 알게 되었고 그렇게 저만의 방향과 궤도가 생긴 소중한
삼천포였습니다.
저는 약속 장소를 정할 때 유난히 신경을 씁니다. 카페에서 작업을 하
더라도 작업하기 쾌적한 유명 프랜차이즈보다는 책상은 좁고 콘센트
는 없더라도 저와 결이 맞는 공간을 방문하는 편입니다. 방문하는 공

이게 제가 동료들과 계약할 때 꼭 해주는 이야기입니다. 조금 더 이어
서 해볼까요? "버스 노선처럼 우리는 한 방향을 바라보고 나아갈 테
지만, 언젠가 시간이 되면 정류장에 내려야 할 때가 올 거예요. 물론
버스가 달리는 동안에는 우리가 어떤 방향으로 나아가고 있는지 계
속 대화를 하겠죠. 때로는 뜨겁게 때로는 차갑게 대화가 오갈 수도 있
고, 창문을 열었을 때 불어오는 기분 좋은 계절의 바람처럼 쾌적할 수
도 있을 거예요. 하지만 우리는 받아들여야 해요. 우리 버스에는 노

있는 실탄도 충분히 준비해 두었어요. 매장의 고정 지출을 5~6개월
정도 감당할 수 있을 정도였으니 현금 흐름은 그린 라이트 중의 그린
라이트였습니다. "녁은 괜찮은가요?" 한번은 식자재를 유통하던 거
래처 사장님이 조심히 물으셨어요. 신종플루 당시 일시적이나마 매
출 급감을 경험했던 거래처 사장님은 이번 코로나가 심상치 않다며
불안해하셨죠. 실제로 발주를 취소하거나 급격히 줄이는 등 매출에
적신호가 켜진 거래처들이 늘어가고 있었고요. "네, 괜찮습니다." 손

간으로 취향이 드러난다고 생각합니다. 취향의 공간들이 쌓여 결국 하나의 지역이 된 곳이 바로 을지로였습니다. 오래된 노포, 철물점, 관광객, 회사원, 그 사이의 멋진 공간을 찾아 비집고 들어오는 힙스터들이 만들어내는 다채로움은 저에게 특별한 에너지를 느끼게 해주었습니다. 내 브랜드를 하게 된다면 그건 을지로여야겠다는 확신이 들었죠. 을지로에서 회사를 다니던 친구에게도 상권에 대해 가볍게 물었습니다. "너 미친 거 아니냐? 레스토랑이 여기서 될 리가 있겠어?

선이 있고 내리는 정류장이 각자 다를 수 있다는 걸요. 내릴 때는 잊은 물건은 없는지 살펴보고 꼭 환승 태그도 할 수 있는 경험이 됐으면 좋겠어요. 계속 내리라고만 얘기했다면 미안해요. 이 버스가 마음에 들면 계속 타고 있어도 됩니다. 버스는 계속 회차를 하니까요. (웃음) 앞으로 잘 부탁드립니다."

제가 운영하고 있는 레스토랑 '녁'은 코로나라는 돌을 밟고 을지로 재개발이라는 큰 반환점을 돌아 지금 7년 차를 향해 달려가고 있습

님들로 가득 찬 매장을 둘러보며 저는 고민 없이 답했어요. 숫자가 가져다주는 안일함에 감각이 무뎌지는 줄은 몰랐던 거죠. '언제 밥 한번 먹자'라는 말처럼 코로나가 금방 지나갈 거라고 가볍게 생각한 것이 큰 착오였습니다.

코로나가 확산됨에 따라 사회적 거리 두기가 강화되었고, 재택근무가 일상이 되면서 을지로의 불빛은 완전히 꺼졌고 거리는 시들어버렸죠. 가지고 있던 실탄은 곧 바닥이 났습니다. 하지만 가장 두려운

너 이 상권에 대해 전혀 모르는구나." 레스토랑 하면 주로 떠오르는 상권들이 있습니다. 한남동, 압구정동, 청담동, 신사동 등 주로 레스토랑 플레이어들과 유저들이 집중되어 있는 곳이죠. 하지만 저는 삼천포처럼 떨어져 있는 을지로가 좋았습니다. "상상해 봐. 여느 을지로의 오래된 상점들처럼 우리도 그렇게 지역에 스며든 멋진 공간이 되는 거야. 나중에 노포 레스토랑이란 타이틀을 얻는 거지. 미슐랭 레스토랑이라는 타이틀보다 훨씬 더 멋지지 않아?" 저는 끊임없이 이야기

니다. 그동안 많은 동료들이 '녁'이라는 버스에 승차했고 또 하차했는데요. 돌이켜보면 한 정류장 만에 내린 동료도 있었고, 도중에 승차해 본인이 원하는 정류장에서 내린 동료도 있었으며, 새벽'녁' 첫차에 탑승해 돌멩이가 날아와도 노선의 색깔이 바뀌어도 회차를 돌아 내내 함께하는 동료도 있습니다. 이건 저의 욕심입니다만 제가 운전하는 이 버스가 때때로 뜨겁기도 하고 때때로 차갑기도 하며 기분 좋은 계절의 바람도 느낄 수 있는, 자신이 좋아하는 것에 빠져도 보고 싶어

것은 언제 끝날지 모른다는 불안감이었죠. 결국 제 손으로 동료들을 떠나보내야 했습니다. 표현할 수 없는 온갖 감정이 교차하면서 수직으로 떨어졌습니다. 바닥으로요.
더 이상 무엇도 잃고 싶지 않았습니다. 그러자 돈을 붙잡아야겠다는 갈망이 생겼습니다. 바닥에서 일어나 구조선이 도착할 때까지 버틸 수 있도록 가지고 있던 식량을 치밀하게 계산했습니다. 매장을 이어가기 위해 모든 것을 나누어 쪼갰습니다. 녁 하면 떠오르는 요리이면

했고 어렵게 동업자들을 설득했습니다. 하지만 가장 큰 언덕인 부동산이 남아 있었죠. 당연히 부동산에서는 관심도 주지 않았습니다. 임대 문의가 붙어 있던 자리의 건물주분도 마찬가지였어요. "레스토랑? 여기는 인쇄소 자리다. 어린애들이 와서 장난치는 그런 곳이 아니다." 매물을 알아보러 다니던 16년도 당시, 을지로의 골목은 철물점과 인쇄소가 가득한 거리였습니다. 녹슬고 오래된 골목에서 저희를 반겨 줄 리 없었습니다. 하지만 오랜 시간 발품을 판 끝에 결국 저희 이야

하는 것을 실행해 보기도 하며 잘하는 것과 못하는 것이 있는 자신의 다양한 모습을 발견하는 그런 여정의 공간이 되어주었으면 하는 바람입니다.

서 호불호 없이 누구나 좋아할 수 있는 시그니처 요리 몇 가지로 간결하게 메뉴를 구성했고, 메뉴를 위한 준비 과정 또한 최소한의 물량으로만 가져갔습니다. 메뉴 주문이 들어오면 음식을 손님 테이블에 올리고, 손님이 식사를 마치면 플레이트를 다시 주방으로 가져와 식기 세척을 거쳐 수납장으로 돌려놓기까지의 모든 과정을 단위로 쪼갰습니다. 쪼개지지 않을 것 같았던 것도 절박함이라는 날카로운 절박함과 무거운 책임감으로 누르자 쪼개졌습니다. 그렇게 시간이 흐르고

기에 관심을 가져주신 사장님을 만났고, 문을 열 수 있었습니다.

이렇게 모두의 반대에 맞서 어렵게 시작한 '녁'은 을지로 회사원들과 힙스터들 사이에서 빠르게 입소문이 퍼져나갔고, 을지로를 대표하는 레스토랑으로 자리 잡았습니다. 하지만 아쉽게도 재개발로 인해 을지로를 떠날 수밖에 없었고, 지금은 새롭게 이전한 종각에서 또 다른 도전과 마주하고 있습니다.

이제 와보니 '평범한 회사원'이라는 장래희망을 적었던 어릴 적 모습

나서야 떠나보냈던 동료들을 다시 불러올 수 있었죠. 동료들과 다시 한 해를 잘 버텨보자며 다짐을 하던 2021년 1월, 삼성전자 주식은 9만 6800원으로 최고점을 돌파해 역대 신고가를 달성했습니다.

"우리가 찾는 것은 물이 아니라 강력하고 생명에 찬 갈증인지 모른다." 책《행복의 충격》에서 김화영 작가는 우리를 삶으로 치달리게 하는 것은 물이 아니라 우리들의 영혼 속에 불타고 있는 영원한 '갈증'이라고 말합니다. 저에게 필요한 것도 돈이 아니라, 강력하고 생명에

도 결국 '나'였다는 생각이 듭니다. 대통령, 운동선수, 가수, 발명가 등 화려하게 빛나는 장래희망들 사이에서 나만의 색을 드러내고 싶었던 거 같아요. 꽤 오랫동안 내가 무엇을 좋아하는지 몰랐지만 취향의 레이어가 한 장씩 쌓이면서 어렴풋하던 것들이 선명해졌습니다. 그 모습이 삼천포처럼 다른 사람들의 시선과 생각에서 동떨어질수록 오히려 좋다고 생각합니다. 그 거리만큼 자신에게 몰입한 에너지로 가득 채워져 있으니까요. 혹시 '뜬금없는 소리'라는 얘기를 들었던 순간이

찬 갈증이었죠. 주식 창을 보며 친구의 말을 들었어야 했나 하고 잠깐 스치듯 생각했지만, 저는 또 다른 산에 올라온 기분이었습니다. 체중이 6킬로그램이나 감소했지만 몸도 정신도 더욱 단단해져 있었죠. 글을 작성하고 있는 지금, 삼성전자 주식은…… 얼마인지 모르겠습니다. 물론 지금은 돈을 가까이해 보는 것도 괜찮다는 생각이 듭니다. 하지만 그 전에 그 무엇에도 지지 않는 자신만의 소중한 무언가를 발견하는 게 먼저겠죠.

떠오르셨나요? 어쩌면 서랍 속 깊숙한 곳에 먼지째 쌓인 유물을 발견하게 된 것일 수도 있습니다. 내가 할 수 있을까? 정말 해낼 수 있을까? 이제 와서 될까? 너무 먼 길을 돌아온 건 아닐까? 불안감이 들 수도 있습니다만 괜찮습니다. 흔들림 없는 바다가 어디 있을까요, 위대한 시작일 수 있습니다. 어서 오세요. 자신에게 몰두하고 꿈꾸고 생각에 잠길 수 있는 진짜 인생의 삼천포에 오신 것을 환영합니다.

이 일을 시작할 때의 마음가짐을 한 줄로 설명한다면요? 재밌고 꾸준하게
생존하기.

처음 보는 사람에게 본인의 직업을 어떻게 소개하세요? 안녕하세요, 녁이
라는 레스토랑 브랜드를 운영하고 있는 '박정묵'이라고 합니다. (녁이요?)
아, '녘'이 아니라 '녁'입니다. 생경한 경험을 전하고자 오자로 이름을 지었
습니다.

일을 시작할 때 돈에 대한 불안은 없었나요? '돈'은 늘 문제죠. 완전히 해소
할 수는 없다고 생각합니다. 다만 한계가 있어야 그로 인해 만들어지는 특
별함이 있다고 생각합니다. 환경을 극복하거나 적응하기 위해서 자연이
특별한 모습을 갖춘 것처럼, 돈 또한 극복하는 과정에서 배우는 게 분명 있
다고 생각합니다.

이 일의 어떤 점이 가장 재밌나요? 가장 큰 원동력은 무엇인가요? '리듬'입니다. 하루하루가 쌓여 만들어진 반복적인 리듬이 제 일을 아름다움으로 이끈다고 믿습니다. 아침에 유니폼을 입고 손님을 맞이할 매장을 준비하고, 정성을 다해 환대하고 안부를 물으며 요리를 전하고, 기분 좋은 에너지를 줄 수 있는 아이디어를 고민하고, 이 과정이 원활하고 꾸준히 반복되기 위해 체력을 관리하는, 이런 작은 리듬들이 제게 가장 큰 원동력이 됩니다.

협업하는 사람(클라이언트, 파트너사 등)을 대하는 나만의 원칙 혹은 태도가 있을까요? 협업 목표에 따른 현재의 활동이나 브랜드의 비전도 중요하지만, 결국 '결'이 맞는 분들과 협업을 진행하는 것이 중요한 것 같습니다. 최근에 진행한 플레이리스트 유튜버 '리플레이' 님과의 협업이 떠오르는데요. 매장에 어울리는 좋은 음악을 소개하는 목표도 있었지만, 앞으로도 음악과 브랜드에 관해 이야기할 수 있는 좋은 사람을 사귄 것 같아 만족스러운 협업이었습니다.

돈의 목표치가 있다면 얼마인가요? 좋아하는 사람들과 맛있는 걸 먹고 휴양을 하고 노는 것도 재밌지만, 일에 대해 함께 고민하고 해결해 가는 과정과 결과가 선물하는 성취는 정말 또 다르다고 생각하거든요. 그래서 저는 제가 좋아하는 사람들과는 대부분 일해본 것 같습니다. 브랜드는 그런 환경을 유지하고 성장할 수 있는 생태계를 만들어주거든요. 그 생태계를 안정적으로 지키고 성장시킬 수 있을 만큼, 돈을 벌고 싶습니다.

이 일이 앞으로 어떻게 뻗어나갈 것 같으세요? 이후의 계획이나 목표가 있
다면요? 여태까지는 오프라인-공간 경험들을 주로 만들어왔는데요, 앞으
로는 그 공간을 온라인으로 확장하거나 단일 상품으로 응축해 전할 수 있
는 것을 목표로 하고 있어요. 또한, '레스토랑-요리'라는 한 카테고리에 국
한되지 않고 경계를 넘어서는 생경한 콘텐츠를 만들고자 합니다.

롤 모델이 있다면 누구인가요? 그 사람이 정묵 님에게 특별한 이유는요?
롤 모델을 닮고 싶은 사람이라고 한다면, 프릳츠 김병기 대표님입니다. 매
력적인 브랜드 프릳츠, 시장의 체인저로서 일궈온 노력, 직업과 일에 대한
고민과 철학도 있지만, 대표님께서 내려주신 맛있는 커피를 마시며 나누
는 대화는 그 무엇보다도 즐겁거든요. 저도 제 주변에게 그런 사람이고 싶
습니다. 전 커피 대신 맛있는 파스타를 만들어드릴게요.(웃음)

자신의 브랜드만이 가진 경쟁력은 무엇인가요? 사람들에게 어떤 인상으
로 각인되고 싶으세요? 녁만의 스토리와 차별화된 요리는 분명히 있지만
그게 전부는 아니거든요. 그 스토리와 요리에 손님들의 관심이나 생각, 경
험들이 물들고 번지면서 훌륭한 경험으로 빚어지는 점이 저희만의 색깔이
라고 생각합니다. 브랜드디렉터로서 그러한 부분이 아주 흥미롭고, 앞으
로도 녁을 찾아오는 분들께 그런 인상으로 남길 바랍니다.

돈

사람

때

저는 자신의 마음을
돌보고 알아가게
돕는 일을 하고,
주로 자기다운 일,
일상, 삶을 찾고 싶은
사람을 만나며,
한 달에 300만 원을
버는 손하빈이라고
합니다.

늘 낯선 나를
마주하기

5 + 1 = 나

돈의 크기와
삶의 크기

내가 아주 어릴 때부터 엄마는 일을 하셨다. 일로 바쁘면서도 늘 밥은 직접 해 먹였던지라 엄마는 언제나 안팎으로 분주한 사람이었다. 하지만 엄마의 진짜 일은 주말에 시작되었다. 엄마는 주말이면 집에서 40분 떨어진 거리에 있는 도시 외곽의 허름한 한옥으로 출근했다. 직접 벌어서 모은 돈으로 산 오래된 한옥은 엄마의 놀이터였다. 물론 그곳에서도 엄마는 일로 바빴지만 도시에서와는 분명 조금 달랐다. 된장을 담가둔 항아리 뚜껑을 열거나 텃밭에 푸릇하게 자란 부추를

나에게 사람은 '환경'이다. 내가 사는 곳 근처에 산책로, 카페, 서점이 있으면 좋겠다고 생각하는 것처럼, 자주 같이 시간을 보내는 사람은 나에게 중요한 문화 자본이다. 그리고 나는 다른 어떤 영향보다 사람의 영향을 가장 많이 받는 사람이다. 지난 시간을 돌아보면 인생의 터닝 포인트에는 항상 중요한 사람이 있었다. 밑미 창업 후 가장 자주 받은 질문은 '어떻게 시작할 용기를 갖게 되었나요?'라는 말이었다. 그 질문에 답하면서 깨달은 것은 창업에 큰 용기가 필요하지 않

살면서 돈에 대해 크게 걱정한 적은 없다. 풍족해서는 아니고, 우리 집만의 느슨한 경제관념 때문이다. 어릴 때부터 부모님은 '돈은 따라오는 것'이지 좇는 것이 아니라고 하셨다. 틀린 말은 아니지만, 그 덕분에 돈에 대한 관념이 너무 없어서 사회 초년생 때 모은 돈을 날린 기억이 있다. 취직을 하자마자, 대학교 4학년 때 투자분석회 동아리에서 만났던 언니가 다가왔다. 대학 때부터 주식 투자로 돈을 벌던 매우 똑 부러지는 언니였다. 아니나 다를까 대기업 보험 회사에

자를 때면, 엄마는 '아이고 좋다' 하며 탄성을 내지르곤 했다. 마른 나뭇가지로 구들장을 데우고, 마당의 풀을 정리하는 모습이 내게는 고단한 노동으로 보였지만 엄마에게 그건 다시 일상으로 돌아가기 위한 충전의 시간이었다. 그런 엄마 옆에서 자라서일까. 나에게 일은 삶에서 가장 중요한 것 중 하나였다. 하지만 아주 오랜 시간 나는 어떤 일을 하고 싶은지에 대한 고민보다, 사회적으로 어떤 일을 해야 좋을지에 내가 가진 모든 자원을 투자했다. 학창 시절부터 가고 싶었

았다는 것이다. 그 당시 내가 많은 시간을 보낸 사람들은 모두 자기만의 길을 개척해 나가던 사람들이었다. '내가 많은 시간을 보내는 다섯 명의 평균이 나다'라는 미국 기업가 짐 론의 말처럼, 창업을 결심할 당시 나의 주변에 있던 다섯 명을 떠올려 보면, 나는 창업하기 참 좋은 환경에 살고 있었다.

가장 많은 시간을 함께 보내던 친구 중 한 명은 밑미의 공동 창업자이자, 전 직장 동료인 '김은지'다. 은지는 자기 자신을 아는 것에 많은

입사한 지 2년 만에 최연소 억대 연봉, 보험왕 타이틀을 거머쥔 터였다. 그 당시 나는 보험과 적금 상품의 차이도 모르고, 알려는 노력도 하지 않는 재무 문외한이었는데, 돈을 모을 수 있는 좋은 상품이라는 언니의 말에 넘어가 월급의 50퍼센트를 25년 만기 변액 보험 상품에 투자했다. 월급의 50퍼센트를 보험 상품에 넣은 셈이니 생활은 하루가 다르게 쪼그라들었다. 결국 해지하려고 보니 수수료만 원금의 60퍼센트가 넘었고, 초년생인 나에게는 꽤 큰돈이었다. 언니가 원망

던 건축과에 입학하고도 대학교 1학년 때 일찍이 포기한 것, 재수를 하고 다시 대학에 가서도 끌렸던 의상디자인과 대신 맞지도 않는 생명과학을 선택한 것, 그러다 패션 공부를 해보겠다며 프랑스 유학을 포기한 것도 어떤 일을 하고 싶은지에 대한 감각이 전혀 없었기 때문이었다. 그저 어떤 일을 해야 멋져 보일지만 고민했었던 것이다.

그렇게 선택한 첫 일은 IBM 재무기획자였다. 하얀 명함 위에 파란색으로 적힌 'IBM Financial planner'라는 말이 꽤 그럴싸해서, 재미도

시간을 투자하는, 자신만의 철학과 중심이 있는 사람이었다. 은지와 함께 일하며 읽었던 책, 같이 다녀온 여행, 귀동냥으로 들었던 요가나 명상 이야기들은 지금의 내가 나를 아는 데 큰 영향을 미쳤다. 그녀의 퇴사 결정조차도 그랬다. 비교적 어린 나이에 지사장이 된 그녀를 많은 사람이 부러워할 때 그녀는 "난 이 자리가 안 맞는 거 같아"라고 단호하게 말하며 퇴사했다. 그러자 나도 퇴사를 진지하게 생각해 보게 되었다. 태국 이민을 준비하고 있던 그녀는 바다 위에서 쉬

스럽고, 서류도 읽지 않고 해맑게 사인한 내 자신이 싫었다. 엄마에게 울면서 하소연을 했는데, 그때 엄마의 위로는 꽤 신선했고, 나에게 또 다른 잘못된 경제관념을 심어준 계기가 되었다.

"잃은 돈을 너무 심각하게 생각하지 마. 이 취업난에 1년 늦게 회사에 취업했다고 생각해. 그럼 그 돈은 원래 없었던 돈이 되잖아."

엄마 말대로 계산하면 난 27살이 아니라 28살에 입사한 것이니, 1년간의 월급은 없는 돈인 셈이었다. 잃을 돈에 대한 아쉬움과 집착이

없고 잘하지도 못하는 일을 3년 넘게 열심히 했다. 하지만, 누군가에게 타이틀을 자랑하면서 얻을 수 있는 성취의 기쁨은 오래 가지 않았다. 내가 원한다고 믿었던 이름 있는 회사와 안정성을 모두 손에 쥐고도 나는 어느 때보다 불안했다. 누군가 어떤 일을 하고 싶은지 물으면 바로 답하기 힘들었지만, 내가 하고 싶지 않은 일에 대해서는 말할 수 있었다. 정해진 프로세스의 일에 이유 불문 무조건 따라야 하는 것, 변화가 없는 루틴한 일, 정확하고 꼼꼼하게 챙겨야 하는 일

고 놀면서, 자기 자신에 대해 생각해 볼 수 있는 요트 여행 사업을 준비하고 있었다. 코로나 때문에 태국행이 연기되었을 때, 재빠르게 공동 창업을 제안한 것은 그녀와 내가 비슷한 것을 지향한다는 것을 알았기 때문이다. 그녀와 함께 있으면 내가 진심으로 살고 싶은 인생에 대해서 계속 고민하게 되었으니까.

두 번째 사람은 '양반들'이라는 밴드의 보컬이자, 착취당하는 동물들이 살 수 있는 공간인 '생추어리'를 만들고 있던 '전범선'이다. 그는

사라지고, 무엇보다 마음이 편안해졌다. 언니에 대한 원망 또한 내려놓고 변액 보험을 해지할 수 있었다. 돈을 저금하는 성취의 기쁨을 너무 일찍 실패한 탓인지, 그 뒤로 나는 돈을 못 모으는 사람이 되었다. 엄마의 낙관적 재무 관념까지 탑재해, 재무적 손해를 볼 때마다 '음, 한 달만 입사 시기를 늦출까?' 하는 이상한 계산법을 가지게 되었다. 그리고 이 사실을 아는 친구들은 나에게 밥을 사달라고 할 때마다 이렇게 말한다.

은 나랑 맞지 않았다. 가장 맞지 않는 것은 왜 하는지 모른 채로 열심히만 해야 하는 '가짜 노동'이었다. 영혼 없이 보고서를 업데이트하면서 늘 속으로 '이걸 왜 하지'라는 의문이 들던 때가 많았다. 팀장님께 한국 시장에 맞게 보고서 형식을 다시 만들어 본사에 제안해 보자고 했지만, 일이 복잡해진다는 이유로 거절당했다. 생각 없이 따라야 하는 형식적인 일의 비중이 늘면서, 나는 편안함에 길들여진 가축이 된 것만 같아 불안했다.

소신을 위한 일이라면 두려움 없이 저지르고 실행하는 사람이었다. 그는 셀 수 없이 다양한 일을 하지만, 그 모두가 그의 소신인 인간다운 삶과 모두 유기적으로 연결된 일이었다. '풀무질'이라는 사회과학 서점이 사라진다는 소식에 인수를 결정하고, 비건 문화를 퍼뜨리기 위해 '소식'이라는 사찰 음식점을 운영하는 것을 보면서 당장에 돈이 되진 않아도, 내가 믿는 것에 도전해도 된다는 자신감이 생겼다. 밑미 같은 서비스가 이 시대에 필요하다는 소신 있는 응원도 받았다.

'입사일 하루만 늦추면 되잖아'라고.
돈에 대해서 빈약한 관념을 가진 나는 아이러니하게도 월급이 멈추는 삶에 대해서는 꽤 오래 두려움을 느꼈다. 월급이 멈추는 순간, 회사에서 지원해 주는 휴대폰 비용, 회사의 샐러드 바 등의 소소한 것들이 모두 내 비용이 된다는 것이 큰 부담으로 다가왔다. 무엇보다 돈에 대해 매일 생각하고, 걱정해야 하는 삶이 시작되는 게 싫었다. 프리랜서가 되거나, 사업가가 되면 지금까지 유지했던 돈에 대한 낙

그런 경험 탓일까. 많은 사람들이 가슴 설레는 일을 찾으라고 말하지만, 나는 반대로 불안함에 귀를 기울이라고 이야기하고 싶다. 불편하고 불안한 감정을 느낄 때만 내 마음이 정말 원하는 것에 대해 말해준다고 믿기 때문이다.

적어도 나는 그때 느꼈던 불안감 덕분에 '나는 어떤 일을 해야 하는가'에 대해 진지하게 고민할 수 있었다. 그리고 그 고민은 내가 용기 있게 가슴 설레는 일에 도전할 수 있는 에너지원이 되었다.

소신 있게, 재미있게 일을 벌이는 그를 만날 때마다, 내가 느끼는 한계나 고민이 가벼워졌다. '돈이 되든 안 되든 내가 믿는 것을 일단 시작하고, 즐기고, 밀고 나가면 되는 거구나!'를 배웠다.

세 번째 사람은 나와 비슷하게 힘든 시기를 겪고 있던 동료 마케터 '정혜윤'이었다. 혜윤은 힘든 시기에도 자신을 방치하지 않고, 앞으로 나아가며 실행하는 사람이었다. 그리고 우리 둘 다 너무 좋아하던 회사를 떠나기로 결정하고 마음이 복잡했을 때, 사귀던 연인과도 갑작

관적 태도를 버려야 했기 때문이다.

월급에 대한 집착이 사라진 것은 내가 어떤 삶을 살고 싶은지 명확해지면서부터였다. 내가 어떤 소비에 행복한 사람인지, 어떤 시간을 보낼 때 충분한지가 확실해지니 월급이 줄어드는 것에 대한 두려움이 사라졌다. 나는 새로운 물건을 사고, 트렌디한 소비를 통해서 큰 기쁨을 느끼는 사람은 아니었다. 쇼핑몰에 가는 것보다 동네 산책을 좋아했고, 빈티지숍에서 하나뿐인 옷을 발견하는 것을 더 좋아했다. 미

온전히 나의 선택으로 가게 된 두 번째 회사인 에어비앤비에서는 진짜 일에 몰입하는 기쁨을 느꼈다. 여행을 통해 소속감을 느끼도록 경험을 설계하겠다는 비전을 열정적으로 꿈꾸고 실행하는 회사였다. 회사가 꿈을 이룰 수 있게 돕고 싶다는 마음 때문인지 출근이 싫었던 날이 하루도 없었다.

'왜 일을 하는지' 알고 하는 진짜 노동은 일이라는 틀에서 벗어나 나의 삶이 되어, 매일 더 확장하고 성장하는 기쁨을 주었다. 또 스스로

스럽게 헤어지게 되었다. 나는 회사도, 연인도 모두 나를 떠난 것 같아 우울의 블랙홀에 빠져 있었고, 새로운 시작을 무기한 연기하던 중이었다. 여러모로 나보다 더 힘든 상황에 있던 혜윤은 충분히 힘들어하면서도, 그 감정에서 빠져나와 '글을 써봐요' '이 책 추천해요' 하며 내게 긍정적인 제안을 했다. 고통을 전화위복 삼아, 혜윤이 '독립'이라는 주제로 책을 쓰고, 프리워커 커뮤니티를 만드는 것을 보면서, 나도 구렁텅이에서 빠져나와 새로운 챕터를 그릴 수 있는 힘을 얻었다.

슐랭 스타 맛집보다 단순한 집밥을 좋아했고, 서비스를 받는 것보다 무엇이든 직접 해보는 것을 훨씬 좋아했다. 책과 영화만 있어도 시간 가는 줄 모르고 놀 수 있는 사람이니 큰돈 없이도 행복을 추구할 수 있는 능력이 있었다. 내 세계가 소비 지향적인 세계에서 경험 지향적인 세계, 그중에서도 배우고 도전하는 세계로 옮겨갔다는 것을 느꼈던 순간부터 지금의 유지비로 굴러가던 삶을 다르게 변화시킬 용기가 생겼다. 월급자 생활을 유지하면서 얻는 경제적 이득보다 하고 싶

를 믿고 일하는 자신감을 키워줬다. 회사의 미션이 명확하면 승인이
나 허락을 위한 일은 줄어들 수밖에 없다. 본질을 이해하고 공감하는
직원이라면 누구든 회사가 가는 방향을 이해하고 결정할 수 있는 능
력을 발휘할 수 있기 때문이다. 하지만 회사가 커질수록 절차와 시스
템을 중시하는 동료들이 늘어났고, 규모가 커진 회사에서 나는 나의
자리를 다시 고민하게 되었다.

에어비앤비를 퇴사하고 나왔을 때, 나는 매우 달라져 있었다. 커리

네 번째 사람은 오롤리데이를 운영하고 있던 7년 차 사업 선배 '롤리'
였다. 그녀는 진정성이 있다고 느끼는 일이라면 아낌없이 지지해 주
는 사람이었다. 창업 초기에 상품 디자인을 의뢰하려고 만났는데, 부
탁한 일이 아닌 내가 하고자 하는 업에 진심 어린 관심을 보였다. 자
기 사업을 운영하느라 바쁘면서도, 내 일을 돕고자 '파운딩 멤버로
디자인을 하겠다'는 역제안을 해왔다. 그녀는 디자인뿐 아니라, 시행
착오를 통해 얻은 노하우를 아낌없이 전수해 주었고, 그때부터 나는

은 것을 하지 못해 잃는 배움의 값이 더 크게 느껴졌을 때 나는 밑미
를 창업했다.

밑미를 창업하기로 결정하고, 공동 창업자들끼리 돈에 대해 허심탄
회하게 이야기를 나눴다. 재미있겠다는 생각으로 시작한 창업이기
때문에, 돈에 대한 걱정 없이 자유롭게 해보고 싶었다. 그래서 한 달
에 최소 얼마가 있어야 행복한가, 언제까지 최소한의 금액으로 살 수
있는가에 대한 솔직한 이야기를 나눴다. 세 명 모두 6개월간은 돈을

어, 연봉, 안정성, 사회적 지위를 따지는 대신 좋아하는 일에 헌신할 수 있는 사람이 되어 있었다. 두려움 없이 원하는 일에 도전할 수 있는 용기가 있었고, 무엇보다 불안하지 않았다. 예전처럼 하기 싫은 일의 목록이 아니라, 진짜 하고 싶은 일의 목록을 가지게 된 것이다. 그렇게 '밑미(meet me)'를 창업하게 되었다. 사실 창업이라는 말은 너무 거창하고, 그저 의미 있고 재밌는 일을 프로젝트처럼 해보자는 가벼운 생각으로 시작했다. 내가 어렵게 원하는 것을 찾은 것처럼,

고속열차를 탄 것처럼 사업의 속도를 낼 수 있었다. 그것도 모자라 오롤리데이 사무실 공간 한편도 내어주었다. 지금도 어려움을 겪을 때마다 해결사처럼 나타나 '이렇게 해봐'라고 이야기해 주는 그녀는 진정 내 삶의 키다리 아저씨다.

다섯 번째 사람은 우리 오빠다. 10년째 예술 관련 사업을 하고 있는 오빠는 어릴 때부터 꾸준히 인문학 책을 선물해 주며 책을 통해 생각을 키우고 위로받는 법을 알려준 사람이다. 내가 창업을 준비하고 있

벌지 않고 모아둔 돈을 써도 재미있게 할 수 있지만, 6개월 이후부터는 150만 원 이상의 월급을 받아야 생활을 유지할 수 있다고 했다. 그리고 3년 안에는 300만 원의 월급을 가져가는 사업을 만들자고 약속했다. 만약 이걸 지키지 못할 때, 혹은 이 생활이 행복하지 않을 때 누구든 그만둘 수 있다는 것도 약속했다. 덕분에 사업 초기 6개월은 돈 걱정하지 않고 신나게 아이디어를 펼칠 수 있었다.

이제 3년이 된 밑미는 우리가 예상한 것보다 더 잘 버텨주고 있다. 지

돌고 돌아서 자유롭게 삶을 탐험하게 된 것처럼, 다른 사람들도 일상에서 자신을 알아갈 수 있는 기회를 주고 싶었다. 그 변화를 직접 겪어봤으니까 제일 잘할 수 있을 것 같았다. 물론 여전히 "밑미가 정확히 어떤 일을 하는 거예요?"라는 물음을 들을 때마다, "자신을 매일 돌보는 리추얼도 하고요, 자신에 대해 질문도 던지고요, 자신을 믿어주고 응원하는 커뮤니티도 만나고요" 하며 주절주절 말하곤 하지만, 나에게는 매우 구체적이고 뚜렷한 미션이 있기 때문에 조금도 조급

을 때는, 자신의 시행착오들을 늘어놓거나 조언을 해주기보다 말을 아끼며 내 사업에 도움이 되는 책들을 조용히 책상에 놓고 가곤 했다. 오빠가 선물한 책들을 조금씩 읽으면서, 내 일이 앞으로의 인간 사회에 꼭 필요하겠다는 확신과 공부하는 즐거움을 매번 느낄 수 있었다. 지금도 조용히 책을 놓고 가는 오빠는 생각이 멈출 때마다 나를 일으키는 구세주가 되곤 한다.

내가 새로운 도전을 할 수 있었던 건 사람들 덕분이었다. '그거 왜

금도 나는 직장인 때 받았던 돈과 비교도 안 되는 적은 돈으로 살고 있지만, 나는 지금이 내가 살고 싶은 삶을 위해서 달팽이처럼 걸어가야 하는 시기라는 것을 잘 안다. 지금 당장 큰돈을 벌지 못해도, 새로운 일을 배우는 과정과 좋은 사람을 만나는 과정이 미래를 위한 자산이 될 거라 생각하기 때문이다. 분명 돈은 세계를 확장하는 데 중요한 자원이다. 나 또한 나를 알기 위해서 월급의 절반을 여행하는 데 썼고, 사고 싶은 것을 무작정 충동구매 하던 시절이 있었다. 그 과정

하지 않다.

비록 일과 일상이 분리되지 않고, 생존을 걱정하며 사업을 키워가고 있지만, 일의 의미가 뚜렷해진 지금이 어느 때보다 만족스럽다. 나에게 일은 밥벌이를 위한 것이자, 내 존재를 증명하는 표현의 수단이자, 낯선 나를 만나게 해주는 영감의 매개체니까. 예술가가 늘 새로운 영감을 받아 창작을 하는 것처럼, 일을 통해 나는 늘 낯선 나를 마주하고 더 나은 나로 성장하고 있다. 간혹 무례하고 요란한 사람들

해?'라는 말 혹은 '내가 다 해봤는데'라는 조언 대신, 있는 그대로의 나를 응원하고 지지해 준 사람들. 스스로 길을 찾을 수 있게 돕는 주변 사람들의 어떤 말과 태도는 인생의 변화구를 만들어낸다. 자신만의 세계를 살아가는 사람의 이야기는 어떤 조언보다 더 마음을 흔들고 행동을 불러일으킨다. 가끔은 나란 사람은 팀원들에게 어떤 환경일까 하고 생각해 본다. 그들의 삶에 좋은 주변 환경이 되고 싶다고 말이다. 그러기 위해 나는 내 삶을 더 사랑하고, 나의 세계를 고요하

에서 만난 경험과 사람들 덕분에 내가 어떤 것을 좋아하는지, 어떤 삶을 살고 싶은지 알 수 있었다. 얼마만큼의 돈이 필요한지의 기준은 삶의 철학으로부터 나온다. 경제적 관념을 만들고 싶다면, 살고 싶은 삶의 모습을 구체적으로 상상해야 한다. 돈으로 무엇을 살 수 있는가보다, 돈으로 어떤 세계를 확장시킬 것인가를 생각해 본다면 돈의 크기가 원하는 삶의 크기로 다가올 것이다.

때문에 '너무 힘들다!' '그만하고 싶다!' 하고 느끼는 순간이 있지만, 일의 본질을 기억하며 군소리 없이 발 빠르게 움직이는 우아한 직업인이 되겠다고 마음먹어 본다. 엄마의 허름한 한옥집이 내 가슴속 어딘가에 단단히 자리 잡아 있는 걸 느끼면서 말이다.

고 더 단단하게 만들어가고 있다.

이 일을 시작할 때의 마음가짐을 한 줄로 설명한다면요? 한계를 정하지 말고 도전해 보자, '현실성'을 언급하는 사람의 말을 귓등으로 듣자는 자신감으로 시작했습니다.

처음 보는 사람에게 본인의 직업을 어떻게 소개하세요? "나를 돌보고 찾는 일을 돕고 있습니다"라고 소개합니다. 창업을 하고부터는 내가 하는 일의 본질을 말하는 것이 더 편해졌어요. 아직 안 알려져 있는 회사이기도 하고, 소개를 듣고 '음, 그게 정확히 어떤 일인가요?'라고 질문을 던지는 사람이 많거든요. 호기심을 보이는 순간, '리추얼 있나요?'라고 물어봅니다. 매일의 일상에서 꾸준히 자신을 의식적으로 바라보는 행위인 '리추얼'이 밑미가 제공하는 가장 주요한 서비스이자, 중심 콘셉트거든요.

일을 시작할 때 돈에 대한 불안은 없었나요? 개인적인 불안감은 별로 없는 것 같아요. 능력이 있으면 돈은 벌 수 있다고 생각하고, 그 능력을 충분히 쌓아가고 있다는 자신감이 있거든요. 하지만 팀원들이 있으니까, 이젠 돈을 잘 벌어야 팀원들의 삶에 도움이 되겠다는 긴장감과 압박은 있어요. '곳간에서 인심 난다'는 말처럼 재미와 의미도 좋지만, 충분한 돈을 주는 것이 멋진 회사라 생각해서, 이제 돈에 대한 불안감을 더 가져보려는 중입니다.

이 일의 어떤 점이 가장 재밌나요? 가장 큰 원동력은 무엇인가요? 밀미 서비스를 통해 '제가 진짜 달라졌어요'라고 말하는 사람을 만날 때가 제일 재밌습니다. 누구든 성장했다고 느낄 때 그 경험을 다른 이에게도 나눠 주고 싶은 동기가 생기는데요. 그런 사람들이 많아질 때마다, 내가 하는 일에 대한 자신감이 생겨요. 긍정적 변화를 겪은 사람들의 에너지를 받으면 피곤함도 회의감도 다 사라져요.

협업하는 사람(클라이언트, 파트너사 등)을 대하는 나만의 원칙 혹은 태도가 있을까요? '재밌어야 한다'라는 생각을 제일 많이 해요. 저한테는 재미가 너무 중요해서, 힘든 일도 재미있게 하면, 그 관계가 일이 끝나도 오래 가더라고요. 그게 장기적인 관계를 맺는 저만의 태도인 것 같아요. 그래서 파트너의 욕구를 먼저 파악하려고 노력하고, 재미있게 함께 일할 수 있는 방법을 찾는 편이에요. 반대로 서로 지향하는 바가 다르고, 일하기 힘든 파트너라 재미있게 일하긴 힘들겠다는 판단이 들 때가 있어요. 더 잘하고 싶

돈의 목표치가 있다면 얼마인가요? 하고 싶지 않은 일을 하지 않을 만큼의 여유가 생기면 좋겠어요. 돈이 가진 가장 큰 파워는 내가 일하고 싶은 좋은 사람과 일할 수 있는 권한인 것 같아요. 또한 나와 함께 일하는 사람들이 많이 배우고, 적당히 쉬면서, 성장할 수 있는 환경을 만들려면, 노동을 멈추는 시간이 필요한 것 같아요. 노동을 어느 정도 멈춰도 회사가 굴러갈 수 있는 돈이 생기면 좋겠습니다.

이 일이 앞으로 어떻게 뻗어나갈 것 같으세요? 이후의 계획이나 목표가 있다면요? 타인의 관심이 돈이 되는 관심 경제의 시대에 살고 있기 때문에, 자기답게 산다는 것이 점점 어려워지고 있다고 생각해요. 하지만 타인의 관심이 목적이 되는 삶은 힘들 수밖에 없어요. 관심으로 돈을 버는 시장이 커질수록 반대급부로, 자기를 아껴주고 싶고, 찾고 싶어 하는 사람들이 많아질 거라 생각하고, 그때 밑미가 좋은 옵션이면 좋겠어요. 지금까지는 실험에 가까웠다면, 앞으로는 좀 더 쉽고, 편하게 접근할 수 있는 다양한

다는 동기부여도 약해지고요. 그럴 때는 재미는 포기하되, '언젠가 우연히 또 볼 사람이다'라는 생각을 많이 해요. 그러면 상대를 감정적으로 대하거나, 제가 무례해지는 순간을 만들지 않고, 예의를 갖추며 일을 잘 마무리할 수 있어요.

자신의 브랜드만이 가진 경쟁력은 무엇인가요? 사람들에게 어떤 인상으로 각인되고 싶으세요? '감동'인 것 같아요. 감동은 일상적이지 않을 때 일어난다고 생각해요. 늘 일상적으로 가던 편의점의 영수증에 위로의 문구가 적혀 있다면, 작게라도 감동을 받을 수 있어요. 내가 일상적으로 기대하던 것과 다르게 편의점이 행동했으니까요. 저는 그런 회사가 되고 싶어요. 돈을 벌어야 하는 비즈니스지만, 고객을 소비자로만 보지 않고, 한 명 한 명에게 진심을 다하는 일을 하고 싶어요. 그럼 감동이 일어나겠죠.

돌봄 서비스를 제공하고 싶고요, 돌봄이라는 행위가 지금까지는 여성들의 일자리이자, 가치가 낮은 일로 여겨졌다고 생각해요. 앞으로의 시대는 돌봄의 가치가 정말 높은 가치가 될 거고, 그 인식을 만드는 일을 하고 싶어요.

롤 모델이 있다면 누구인가요? 그 사람이 하빈 님에게 특별한 이유는요?

저는 《책은 도끼다》를 쓴 박웅현 작가님한테 영감을 많이 받아요. 자신의 분야에서 전문성도 구축하셨고, 무엇보다 함께 일했던 팀원들의 성장을 돕는 리더라고 생각해요. 인문학과 예술을 중요시하면서도, 자본주의의 첨단에 있는 광고 일과 밸런스를 맞추는 모습이 제가 가고 싶은 방향인 것 같아요. 끊임없이 공부하고, 호기심을 가지는 모습도 제가 바라는 어른의 모습인 것 같아서, 박웅현 작가님의 행보를 자주 관찰하고 있습니다.

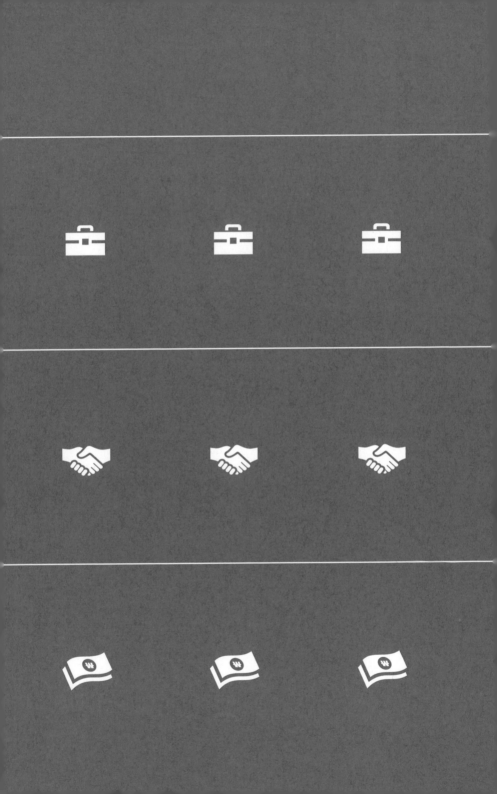

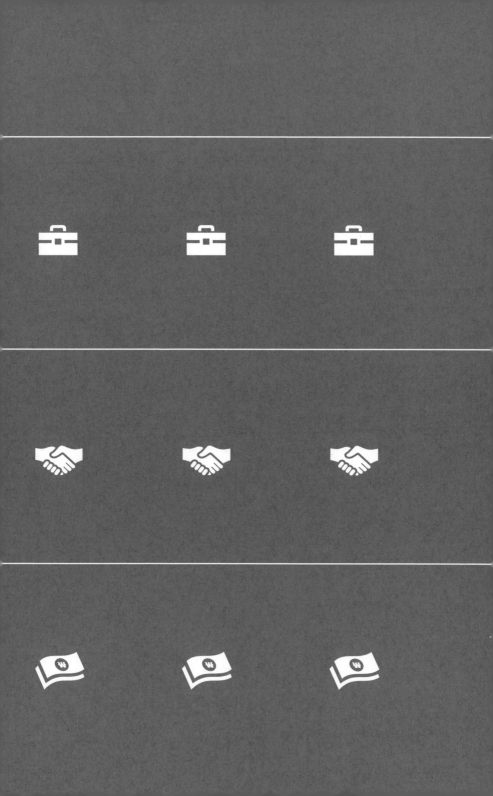

서울의 워커홀릭들
: 일, 사람, 돈

발행일	2024년 1월 17일 초판 1쇄
지은이	홍정미·윤지윤·김호수·필립포·이종화·김기범
	오하나·이형기·이연수·최기웅·박정묵·손하빈
기획	읻다
편집	김준섭·최은지·이해임
디자인	남수빈
제작	영신사
펴낸곳	읻다
펴낸이	김현우
등록	제300-2015-43호. 2015년 3월 11일
주소	(04035) 서울 마포구 양화로11길 64 명진빌딩 401호
전화	02-6494-2001
팩스	0303-3442-0305
홈페이지	itta.co.kr
이메일	itta@itta.co.kr

ISBN 979-11-93240-19-9 03320